Susann Pásztor & Klaus-Dieter Gens

Mach doch, was *du* willst!

Gewaltfreie Kommunikation am Arbeitsplatz

W0295118

Ausführliche Informationen zu jedem unserer lieferbaren und geplanten Bücher finden Sie im Internet unter www.junfermann.de. Dort können Sie auch unseren kostenlosen Mail-**Newsletter** abonnieren und sicherstellen, dass Sie alles Wissenswerte über das **JUNFERMANN**-Programm regelmäßig und aktuell erfahren.

Besuchen Sie auch unsere e-Publishing-Plattform www.active-books.de.

Susann Pásztor & Klaus-Dieter Gens

Mach doch, was *du* willst!

Gewaltfreie Kommunikation am Arbeitsplatz

Junfermann Verlag • Paderborn
2010

Copyright © Junfermannsche Verlagsbuchhandlung, Paderborn 2005
2. Auflage 2010
© Coverfoto: Klemens Oezelt – Fotolia.com
Covergestaltung/Reihenentwurf: Christian Tschepp

Alle Rechte vorbehalten.
Das Werk einschließlich aller seiner Teile ist urheberrechtlich geschützt. Jede Verwendung außerhalb der engen Grenzen des Urheberrechtsgesetzes ist ohne Zustimmung des Verlages unzulässig und strafbar. Dies gilt insbesondere für Vervielfältigungen, Übersetzungen, Mikroverfilmungen und die Einspeicherung und Verarbeitung in elektronischen Systemen.

Satz: JUNFERMANN Druck & Service, Paderborn

Bibliographische Information der Deutschen Bibliothek
Die Deutsche Bibliothek verzeichnet diese Publikation in der Deutschen Nationalbibliographie; detaillierte bibliographische Daten sind im Internet über http://dnb.ddb.de abrufbar.

ISBN 978-3-87387-609-5

Inhalt

Vorwort

Mach doch, was *du* willst ... Ein ungewöhnlicher Titel für ein Buch über Gewaltfreie Kommunikation – geht es doch dort normalerweise um Bedürfnisse und weniger um das, was Menschen *wollen*. Dennoch zeigt dieser Titel eine interessante Spannung auf: Viele Menschen nehmen das, was anderen wichtig ist, wichtiger als sich selbst. Sie wissen auch nicht, was sie im Moment brauchen und was das Richtige für sie wäre. Für diese Menschen ist es ein entscheidender Schritt, mit der Gewaltfreien Kommunikation herauszufinden, was sie eigentlich *wollen* und *brauchen*. Auf der anderen Seite gibt es Kollegen, die sehr genau zu wissen scheinen, was sie brauchen – und die die Bedürfnisse der anderen nicht sehen. In der Gewaltfreien Kommunikation trainieren wir beides: sich selbst bewusst zu sein über das, was man braucht und will – und sich bewusst zu sein über das, was der andere braucht und was ihm helfen würde, es zu bekommen. Dann setzt eine Verhandlung über diese gegenseitigen Bitten ein. Wir nennen das den Giraffentanz.

„Mach doch, was *du* willst" ist damit nicht eine Aufforderung, seinen Willen um jeden Preis, ohne Rücksicht auf die anderen durchzusetzen, sondern selbst bewusst über die eigenen Bedürfnisse im Einklang mit den Bedürfnissen der anderen zu sein. Konkret könnte das heißen: Du kannst machen, was du willst, also alle deine Bedürfnisse leben, solange du die Bedürfnisse der anderen Menschen respektierst und mit einbeziehst. Dies ist die einzige Grenze, die wir in zwischenmenschlichen Beziehungen sehen. Allerdings machen wir einen Unterschied zwischen Bedürfnissen und der Art und Weise ihrer Erfüllung.

Als wir beschlossen, dieses Buch zu schreiben, war es uns wichtig, genau diese Dynamik aufzuzeigen: dass es möglich ist, so miteinander umzugehen, dass mit Respekt, Wertschätzung und Achtsamkeit bestimmte Spannungen und Konflikte gar nicht erst entstehen. Dabei kann die Gewaltfreie Kommunikation helfen. Wenn dann doch Konflikte auftauchen (was wir für unvermeidlich halten), sollen sie auf eine Weise gelöst werden, in der es keinen Verlierer gibt und alle mit der Lösung einverstanden sein können.

Wir sind sicher, dass dieses Bedürfnis nach Harmonie auch am Arbeitsplatz Bedeutung hat. Für ebenso wichtig und sinnvoll halten wir es, dass angesichts der starken Belastung, der viele Berufstätige ausgesetzt sind, sie Arbeitsplätze vorfinden und einen Umgang miteinander pflegen können, der ihnen ein effektives, flüssigeres und letztlich auch befriedigendes Arbeiten ermöglicht. Wer zufrieden arbeitet, ist in seiner

Leistung, ist in seiner Energie, ist weniger krank und kann besser zum Gelingen der gesamten Firma beitragen. Diese Harmonie wird unseres Erachtens am besten erreicht, wenn sich alle Mitarbeiter einschließlich der Vorgesetzten bemühen, eine gegenseitig annehmende, wertschätzende und respektvolle Haltung aufzubauen, diese Art der Kommunikation zu pflegen und auf bestimmte, bisher übliche Beeinflussungsmittel zu verzichten: Wer mit Schuld, mit Scham, Bedrohung oder auch mit Belohnung operiert, wird eher dazu beitragen, dass die Arbeitssituation angespannt ist und Unfrieden herrscht.

In diesem Buch beobachten wir ein Team von sechs Personen in einer Werbeagentur, das nach außen ein normales Arbeitsteam bildet. Normal ist für die meisten, dass es hier und dort Spannungen gibt, dass auch mal schroffe Worte fallen und Schuldzuweisungen über nicht gelungene Arbeit gemacht werden, dass manche auch gelegentlich frustriert oder ärgerlich nach Hause gehen. Wir begleiten dieses Team dabei, die Kommunikation zu verbessern, machen einen harmonischeren und effektiveren Umgang miteinander möglich und zeigen auf, wie entstehende Konflikte gelöst werden können. Wir schauen den Mitarbeitern in verschiedenen Situationen über die Schulter, decken auf, an welchen Stellen die Kommunikationsstörung zu sehen ist, und lehren schrittweise die Gewaltfreie Kommunikation zur Verbesserung des Klimas. Sehen Sie selbst, welche Schritte das Team mit welchen Erfolgen geht!

Mancher Leser mag geneigt sein, diese Art der Kommunikation als kraftlos zurückzuweisen oder als zu psychologisch zu bezeichnen. Nach unserer Erfahrung ist es für einige Menschen zunächst ungewohnt, in dieser Weise zu sprechen – gleichzeitig stellen wir fest, dass sie ihren inneren Wünschen und Bedürfnissen entspricht. Wir haben viele Menschen in Arbeitszusammenhängen getroffen, die zwar gut funktionieren, aber nicht wirklich zufrieden und glücklich in ihrer Arbeitssituation sind. Wir haben viele Menschen getroffen, die einen starken Groll gegen ihre Kollegen oder ihre Firma verspüren, die sich insgeheim bereits verabschiedet, innerlich gekündigt haben – Menschen, die wissen, dass sie noch 10 bis 20 Jahre in dieser Weise arbeiten müssen und kaum Wege kennen, zu dem erfüllten Leben zu kommen, das sie sich eigentlich wünschen. Viele Firmen haben einen hohen Krankenstand, in manchen Arbeitsbereichen gibt es eine große Zahl von Menschen, die der Belastung nicht standhalten und längere Zeit krank sind, Frührentner werden oder einfach aussteigen. Wir sehen dies in erster Linie als Folge bestimmter Strukturen, die von Beherrschung, Unterwerfung, von Missgunst, Schulddenken, Verantwortung abschieben u.ä. geprägt sind. Um all dies soll es in diesem Buch gehen, und Sie erfahren, was Sie selbst konkret an Ihrem Arbeitsplatz tun können, um dort für eine bessere Situation (mit) zu sorgen.

Es geht uns nicht darum, künftig völlig neue Firmenstrukturen vorzuschlagen. Vielmehr möchten wir mit diesem Buch eine Einladung aussprechen, Ihre Arbeitssituation – und vielleicht auch Ihre persönliche Situation – zu einer Insel der Gewaltfreien Kommunikation zu machen.

Juni 2005
Klaus-Dieter Gens

1. Einführung

Teambesprechung

CORINNA: „Guten Morgen allerseits! Bevor wir zu den aktuellen Themen dieser Woche kommen, möchte ich unsere neue Praktikantin Jule begrüßen, die in den nächsten zwei Monaten die Arbeit in unserer Werbeagentur kennenlernen möchte. Zu Ihrer Information: Jule studiert Kommunikationswissenschaften – zweites Semester, richtig? Jule, ich stelle Ihnen Ihre Kollegen kurz einmal vor: Gleich neben mir sitzt Anette, meine rechte Hand, zuständig für Zielgruppen- und Marktanalysen und Organisation. Dann kommt Christoph, unser Sprachgenie, verantwortlich für Text und Konzeption. Für die Umsetzung des Konzepts ins Layout sorgt Holger, der überdies ein begnadeter Zeichner und Illustrator ist. Schön, dass Sie wieder aus dem Urlaub zurück sind, Holger! Haben Sie sich gut erholt?“

HOLGER: „Ja, super. Also, ich kann so einen Trip nach Hawaii wirklich wärmstens empfehlen ...“

MARKUS: „Kann sich doch höchstens so'n Single leisten, der noch bei Mama wohnt.“

CORINNA: „Dieser freundliche Herr hier mit der, äh, Langhaarfrisur ist Markus, unser Computer- und Internetspezialist. Und mich haben Sie ja schon als Inhaberin dieser Agentur kennengelernt. Jule, vielleicht können Sie uns im Anschluss an unser Meeting noch ein bisschen von sich erzählen ...“

JULE: „Ja, gern.“

CORINNA: „Schön. Anette wird sich nachher Zeit für Sie nehmen und Sie mit den einzelnen Bereichen und den jeweiligen Aufgaben der Mitarbeiter vertraut machen. Wir finden es am besten, wenn Sie die ersten zwei Wochen unter ihrer Obhut verbringen und sich zunächst mit dem Thema Medienstrategien befassen.“

ANETTE: „Ähm ... das hatten wir überlegt, aber hatten wir es auch beschlossen? Ich meine, das geht schon in Ordnung, aber ich hätte es gern vorher gewusst ...“

CORINNA: „Also, ich erinnere mich ganz deutlich, dass wir uns in dieser Frage einig waren, Anette. Und jetzt zu unseren wichtigsten Themen für heute: Da wären zum einen die Ergebnisse der Marktanalyse zum Bedarf an Einweghandys. Und dann interessiert mich natürlich, wie es um den neuen Slogan für die Firma BioPack steht.“

CHRISTOPH: „Gibt's noch nicht. Nachdem mein persönlicher Favorit ‚Keine Macht den Dosen' bei allen hier durchgefallen ist, hab ich das Ganze für ein paar Tage auf Eis gelegt. Bis Mittwoch gibt's fünf neue Vorschläge, okay?"

HOLGER: „Keine Macht den Dosen? Gott, wie blöd."

CHRISTOPH: „Herzlichen Dank, Holger. Beim Fußball nennt man so was ‚Nachtreten'."

MARKUS: „Wie? Hast du von dem was Konstruktives erwartet?"

CORINNA: „Meine Herren, ich bitte Sie. Markus, ist die Anzeige für das Autohaus Weinrich schon bei der Druckerei?"

MARKUS: „Nein. Ich hab's nicht mehr geschafft bis Freitag um fünf. Die Druckerei braucht die Daten eh erst heute Abend."

CORINNA: „Und was bitte hat Sie davon abgehalten, die Anzeige bis Freitag um sechs fertig zu machen? Meines Wissens sind Sie kein Angestellter, sondern freier Mitarbeiter. Und von denen sieht man Freitagabends hier noch etliche bei der Arbeit."

ANETTE: „Markus holt doch um fünf immer die Zwillinge vom Hort ab, Corinna."

CORINNA: „Dann sollten Sie sich Ihre Arbeitszeit etwas besser einteilen. Bis um elf möchte ich die Anzeige vorliegen haben. Anette, würden Sie für uns bitte kurz zusammenfassen, was die Marktanalyse für Mobiltelefone zum Wegwerfen ergeben hat?"

ANETTE: „Also, das sieht nicht gerade rosig aus. Die Marktforscher sind sich einig, dass der Trend zu Einwegprodukten ..."

MARKUS: „Entschuldigung, aber könnte ich dann zurück an meinen Computer? Ich kann mir die Daten ja nachher noch mal auf dem Protokoll anschauen."

HOLGER: „Ich dachte, bei unseren Teammeetings sollten immer alle anwesend sein, sogar die Pixelschieber."

CHRISTOPH: „Saftsack."

HOLGER: „Hey ..."

CHRISTOPH: „‚Coole Drinks im Saftsack – Umweltfreundliches von BioPack'. Na, wie findet ihr das?"

CORINNA: „Wenn wir die Produkte unserer Kunden so platzieren würden wie Sie Ihre plötzlichen Eingebungen, könnten wir diesen Laden hier dichtmachen, Christoph. Ja, Markus, Sie können gehen. Moment noch – hatten Sie Holger schon gebrieft, was in den letzten zwei Wochen hier gelaufen ist?"

MARKUS: „Nee. Wann denn? Ich hatte keine Zeit."

CORINNA: „Natürlich, Sie hatten wieder keine Zeit. Dann schlage ich der Einfachheit halber vor, dass wir dieses Meeting jetzt abbrechen und auf morgen Vormittag um zehn vertagen. Anette, gehen Sie vorher bitte noch einmal gemeinsam mit Holger die Analysedaten durch, vielleicht fällt diesem kreativen Kopf etwas dazu ein. Oder gab es noch etwas Dringendes, das nicht bis morgen warten kann?"

CHRISTOPH: „Wir wollten doch hören, was Jule uns zu erzählen hat."

JULE: „Aber wenn Sie's jetzt alle so eilig haben ..."

CHRISTOPH: „Dafür ist bestimmt noch Zeit genug, oder?"

CORINNA: „Also, wenn das für Sie okay wäre, Ihre Vorstellung auf morgen zu verschieben, nehme ich Ihr Angebot gern an, Jule. Anette kümmert sich dann gleich um Sie."

HOLGER: „Und dann kommt sie für den Rest des Praktikums in meine Abteilung, ja? Ich sehe doch auf den ersten Blick, dass unsere Jule eine Künstlernatur ist."

ANETTE: „Lassen Sie sich bloß nicht reinlegen, Jule. Holger hat hier höchstens seine eigenen Filzstifte, aber keine Abteilung."

CORINNA: „Gut, nachdem auch dies geklärt ist, wünsche ich allen einen erfolgreichen Arbeitstag ... Ach, und Christoph – da Sie offenbar so viel Zeit übrig haben, kriegen Sie die fünf Vorschläge sicher noch bis heute Abend fertig, nicht wahr?"

Vom Arbeitsplatz ...

Etwa 70.000 Stunden unseres Lebens verbringen wir am Arbeitsplatz – das ist deutlich mehr Zeit, als wir für Familie und Freunde übrig haben. Wer sich für aktuelle Umfragen interessiert, gewinnt zunehmend den Eindruck, als fänden für viele Menschen die wichtigsten sozialen Kontakte zwischen Postablage, Fotokopierer und Besprechungsraum statt: Bei 55% hat es schon mal am Arbeitsplatz gefunkt, fast jeder Dritte (28,2%) hatte sogar eine Affäre mit einer Kollegin oder einem Kollegen. Und es gibt noch andere Zahlen: Zwei von drei Arbeitnehmern geben an, schon einmal am Arbeitsplatz gemobbt worden zu sein. Dabei sind es doch überwältigende 70%, die Wert auf gute Teamarbeit legen; 30% wünschen sich ein familiäres Verhältnis an ihrem Arbeitsplatz, und 20% würden es sogar begrüßen, wenn aus kollegialen Beziehungen Freundschaften würden[1].

Wie auch immer diese Zahlen interpretiert werden, eines ist sicher: Gefühle und Bedürfnisse spielen eine zentrale Rolle am Arbeitsplatz, und ganz gewiss sind es nicht immer die, die ausgesprochen, gelebt und erfüllt werden. Steht auf der einen Seite des Spektrums die Liebe, dann befinden sich am anderen Ende Feindseligkeit und Angst – und dazwischen all das, was uns tagtäglich bewegt und in uns lebendig ist.

„Gewaltfreie Kommunikation am Arbeitsplatz" ist ein Thema, das uns als Autoren auf den Nägeln brennt – und das uns aufgrund seiner Komplexität herausfordert. Welche Zusammenhänge gilt es zu berücksichtigen? Was für ein personales Setting brauchen wir, um klassische Konflikte und problematische Situationen am Arbeitsplatz durch glaubwürdige Dialoge darstellen zu können? Eignen sich die alltäglichen Begebenheiten in einem Optikergeschäft besser als die in einer Supermarktfiliale? Am Ende sind wir schließlich bei einer kleinen Werbeagentur gelandet, die uns den notwendigen Spielraum für unsere Szenarien geben soll. Sie ist kein boomendes Unternehmen mit Kunden, die über saftige Werbebudgets verfügen, andererseits aber nicht so sehr von

---

1 Alle Umfragen: *Junge Karriere* 2003-2004, www.jungekarriere.com

Wirtschaftslage und Konkurrenzdruck gebeutelt, als dass dies einen entscheidenden Einfluss auf die Kommunikation ihrer Mitarbeiter hätte. Was die miteinander reden, soll widerspiegeln, was sich an vielen Arbeitsplätzen ereignet: acht Stunden am Tag, vierzig in der Woche, 170 im Monat – und am Ende 70.000 Stunden im Leben.

Mittlerweile hat sich Gewaltfreie Kommunikation in vielen Zusammenhängen als ebenso einfaches wie geniales Modell für Konfliktlösungen bewährt. Unser Anliegen ist jedoch vor allem ihr präventiver Einsatz, oder besser noch: ihre Anwendung als Lebenshaltung. Wir sind überzeugt, dass mit dieser Haltung viele Konflikte gar nicht erst entstehen würden, und wenn, dann nur in erheblich abgemilderter Form und mit wenig Eskalationspotenzial. Unsere Agentur und ihre Mitarbeiter werden uns nach besten Kräften dabei unterstützen, Situationen zu schaffen, in denen wir Ihnen solche Alternativen vorstellen können. Dabei sollen auch ungeeignete Strategien bei der Mitarbeiterführung oder -motivation beim Namen genannt werden, wenn sie auftauchen, aber wir werden Ihnen keine neuen Führungskonzepte oder Maßnahmen zur Teamentwicklung präsentieren. Vorschläge für eine andere Form der Zusammenarbeit machen wir nur insofern, als dass wir Ihnen ein anderes Deutungsmuster anbieten – eines, das Ihnen einen neuen Zugang zu dem ermöglicht, was gesagt wurde, ganz gleich, ob Ihr Gegenüber Ihr Chef, Ihre Kollegin oder Ihr Angestellter ist.

... zur Lebensbereichernden Organisation

„Lebensbereichernde Organisation“ nennt Marshall B. Rosenberg, Begründer der Gewaltfreien Kommunikation, seine Vision eines tragfähigen Zusammenwirkens. In einer lebensbereichernden Organisation trägt jeder einzelne Mitarbeiter dazu bei, Bedürfnisse zufriedenzustellen und das Leben seiner Mitmenschen zu bereichern – sowohl innerhalb der Organisation als auch in ihrem Einflussbereich. *„Alle Arbeit, die innerhalb einer lebensbereichernden Struktur verrichtet wird, wird durch diese Aufgabe motiviert; nicht durch Geld, nicht durch Lohn, nicht durch Positionen und nicht durch Status. Jedes kleine Stück Arbeit, das eine Person tut, kommt aus der Freude, diese Aufgabe zu erfüllen. Lebensbereichernde Organisationen schenken den Mitarbeitern ihrer Organisation die Wertschätzung, die sie brauchen, um den Auftrag mit Leben füllen zu können.“*[2]

Lässt sich eine solche Vision mit den alltäglichen Erfordernissen, die eine Arbeitssituation mit sich bringt, überhaupt vereinbaren? Wir meinen: ja. Denn die Qualität unserer Arbeit, unsere Leistung und unsere Motivation stehen im unmittelbaren Verhältnis zur Qualität unserer zwischenmenschlichen Beziehungen am Arbeitsplatz. Und überall dort, wo die Haltung und Anwendung der Gewaltfreien Kommunikation zu einem festen Bestandteil der Unternehmenskultur geworden ist, wird es nicht nur zufriedene Mitarbeiter geben – sondern auch effektive Kooperation, klare und eindeutige Kommunikation, Beziehungstransparenz und Teamfähigkeit.

---

2 aus: Marshall B. Rosenberg: *Das Herz gesellschaftlicher Veränderung. Wie Sie Ihre Welt entscheidend umgestalten können.* Junfermann, Paderborn 2004

Wir gehen davon aus, dass sich viele unserer Leser noch nicht lange oder intensiv mit dem Modell der Gewaltfreien Kommunikation befasst haben, und werden Ihnen deshalb im nächsten Kapitel das Konzept und die wichtigsten Elemente vorstellen. Dabei ist es uns wichtig zu betonen, dass Sie nach der Lektüre unseres Buches diese neue Sprache vielleicht lieben werden, aber sie noch nicht beherrschen – denn dieses Buch ist kein Lehrbuch. Es ist vielmehr eine Einladung an Sie, sich auf die Grundstruktur, die Haltung und die Vision der Gewaltfreien Kommunikation einzulassen und ihre Anwendungsmöglichkeiten durch typische Dialoge aus der Arbeitswelt kennenzulernen. Ob Sie sich hinterher einer Übungsgruppe anschließen, weitere Bücher zu diesem Thema lesen[3] oder lieber erst einmal mit „neuen" Ohren Ihren Mitarbeitern und Kollegen zuhören möchten: Was wir wollen, ist nichts Geringeres, als Sie zu begeistern von der Möglichkeit und der Aussicht auf ein neues, erfüllendes und lebendiges Miteinander – sagen wir, für die 35.000 Arbeitsstunden, die vielleicht noch vor Ihnen liegen?

3 Informationen zu Übungsgruppen und Trainern für Gewaltfreie Kommunikation finden Sie im Anhang.

2. Was ist Gewaltfreie Kommunikation?

Das Konzept

Die Gewaltfreie Kommunikation gilt hierzulande als bewährtes Modell für erfolgreiche Konfliktbewältigung. Wir meinen, dass sich ihr großes Potenzial besonders im Bereich der Prävention entfalten kann – als Methode, die der besseren Verständigung und Steigerung der sozialen Fähigkeiten der Menschen dient. Ein Lebensmodell also, in dessen Mittelpunkt die einfühlsame Verbindung zu sich selbst und anderen steht und in dem Sprache und Handlungen als Ausdruck von Gefühlen und Bedürfnissen verstanden werden. Sie ist somit auch ein Deutungssystem, das jedem Menschen sinnvolle Handlungsmotive unterstellt, die er – manchmal mehr, manchmal weniger erfolgreich – in die Tat umsetzen konnte. Auch wenn ihrer Anwendung einige wenige, klar strukturierte Vorgaben zugrunde liegen: Gewaltfreie Kommunikation ist nicht nur eine Methode, sondern eine Haltung.

Von Wölfen und Giraffen

In seinen Workshops benutzt Marshall B. Rosenberg, Begründer der Gewaltfreien Kommunikation (siehe auch Seite 90), den Wolf als Symbol für die gewalthaften Anteile in der Sprache. „Wolfssprache" ist die Sprache, mit der wir aufgewachsen sind: die Sprache der Urteile, Analysen und Schuldzuweisungen, des Machtmissbrauchs und des Leugnens von Verantwortung für die eigenen Gefühle und Handlungen. Im Gegensatz zur dynamischen „Giraffensprache" (Giraffen sind die „Wappentiere" der Gewaltfreien Kommunikation, weil sie die Landtiere mit dem größten Herzen sind) ist Wolfssprache statisch, weil sie Worte verwendet, die festschreiben und beurteilen.

Grundannahmen

Wolfssprache ist aus der Sicht der Gewaltfreien Kommunikation nichts anderes als eine Behelfssprache – der Sprecher wollte eigentlich etwas ganz anderes ausdrücken. Auf dieser Sichtweise basiert die erste der vier wichtigsten Grundannahmen der Gewaltfreien Kommunikation:

- Gewalt ist der tragische Ausdruck eines unerfüllten Bedürfnisses. Verbale Gewalt ist der Versuch, sich mit dieser Behelfssprache ein Bedürfnis zu erfüllen. Denn alles, was Menschen sagen oder tun, ist letztlich der Versuch, Bedürfnisse zu befriedigen.
- Menschen handeln in erster Linie für sich und nicht gegen andere. Wir „hören" und erkennen in der Handlung eines anderen vornehmlich eine Aussage, die er über sich selbst, über seine Gefühle und Bedürfnisse macht.
- In der Gewaltfreien Kommunikation ist es wichtig, dass die Bedürfnisse aller Beteiligten berücksichtigt sind und, so weit es geht, auch erfüllt werden.
- Menschen liegt grundsätzlich daran, in einer guten Verbindung miteinander zu stehen. Wenn ihre eigenen Gefühle und Bedürfnisse gehört und respektiert werden, tun sie nichts lieber, als zur Erfüllung der Bedürfnisse anderer beizutragen.

Die vier Schritte der Gewaltfreien Kommunikation

Das Grundmodell der Gewaltfreien Kommunikation besteht aus vier Komponenten bzw. Schritten, die nacheinander ausgeführt werden:

1. Beobachtungen

Als erstes beobachten wir, was in einer bestimmten Situation tatsachlich geschieht: Was hören wir den anderen sagen, was sehen wir, das er tut? Das Entscheidende hierbei ist, diese Beobachtung von jedweder Form der Bewertung zu trennen. Der Satz „Im Konferenzraum ist Licht" ist eine Beobachtung, während in „Sie haben schon wieder das Licht im Konferenzraum angelassen" schon eine Bewertung enthalten ist.

2. Gefühle

Im zweiten Schritt drücken wir unsere Gefühle aus, die durch das, was wir beobachtet haben, in uns ausgelöst wurden. Wir können uns fröhlich, begeistert, hingerissen und überglücklich fühlen – aber auch frustriert, besorgt, traurig oder ängstlich.

3. Bedürfnisse

Hinter jedem Gefühl steht ein Bedürfnis – eines, das erfüllt oder eines, das nicht erfüllt wurde. Sind wir uns unserer Gefühle bewusst, führen sie uns auf direktem Wege zu unseren Bedürfnissen. Sie dienen dem körperlichen, sozialen und emotionalen Überleben und gelten von daher für alle Menschen (Bedarf). Sind sie jedoch an bestimmte Vorgehensweisen oder Personen gebunden, sprechen wir nicht mehr von Bedürfnissen, sondern von Strategien oder Wünschen. Das Ausdrücken des jeweiligen Bedürfnisses ist der dritte Schritt der Gewaltfreien Kommunikation.

4. Bitten

Der vierte Schritt ist das Formulieren einer Bitte: Was kann der andere tun, um unser Bedürfnis zu erfüllen und unsere gemeinsame Lebensqualität zu verbessern? Wie können wir selbst zur Erfüllung unseres Bedürfnisses beitragen? Wichtig ist, um eine konkrete Handlung zu bitten und sie mit den eigenen Gefühlen und Bedürfnissen in Verbindung zu bringen.

Bei der Anwendung der vier Schritte der Gewaltfreien Kommunikation unterscheiden wir zwischen Selbsteinfühlung und Einfühlung in den anderen, wobei wir uns in dessen Situation hineinversetzen und durch einfühlsames Zuhören und Fragen offenlegen, was er fühlt und braucht. Die im vierten Schritt geäußerten Bitten sind verhandelbar – was uns ermöglichen soll, aus verschiedenen Strategien diejenige herauszufinden, die die Bedürfnisse beider Seiten erfüllt.

Über die Anwendung Gewaltfreier Kommunikation im Alltag

Sie werden sehen, dass gewaltfrei zu kommunizieren nicht bedeutet, das Vier-Schritte-Modell in jeden Dialog einzubauen. Entscheidend ist, dass Sie die vier Schritte kennen, verstehen und einzusetzen wissen, wenn es notwendig ist, ohne lange überlegen zu müssen. Ansonsten möchten wir Sie dazu anregen, sich selbst und Ihrer typischen Ausdrucksweise treu zu bleiben.

Gewaltfreie Kommunikation ist wie eine ergänzende Fremdsprache, die Sie dazulernen können. Es mag sein, dass Sie sich zunächst für das Konzept interessieren, es aber nicht bewusst in Ihrer Alltagssprache umsetzen wollen. Wir meinen, dass auch dies eine große Veränderung in Ihrer Kommunikation und Ihrem Leben bewirken kann, weil sich allein durch einfühlsames Zuhören und Wahrnehmen Ihre Haltung zu den Dingen ändert.

Noch ein Wort zu unserer Vorgehensweise ...

Neben unserem „Gewaltfreien Begleitservice" besteht unsere Aufgabe als Autoren in einer Art Übersetzungshilfe, um anhand der Beispieldialoge deutlich zu machen, wie sehr sich das, was gesagt wird, oft von dem unterscheidet, was eigentlich gemeint war.

Wenn wir die einzelnen Teammitglieder zu ihren Beobachtungen, Gefühlen und Bedürfnissen befragen, wird es immer wieder vorkommen, dass sie mit ihren Aussagen genau in die verbalen Fallen hineingeraten, die wir mit Hilfe der Gewaltfreien Kommunikation aufzeigen wollen. Wie im wirklichen Leben sind es vor allem sprachliche Ungenauigkeiten, die wir bei ihnen beobachten können. Solche „problematischen" Ausdrücke haben wir durch kursive Schreibweise gekennzeichnet. Sie sollen Ihnen signalisieren, dass hier Begriffe oder Formulierungen verwendet werden, die einer genaueren Überprüfung bedürfen.

An dieser Stelle auch unsere Bitte um Ihr Verständnis, dass wir vorwiegend bei der männlichen Schreibweise geblieben sind und uns meistens auf „Ihren Gesprächspartner" oder „den anderen" beziehen: Wir gehen trotzdem davon aus, dass sich Männer und Frauen gleichermaßen wiedererkennen werden. Gefühle und Bedürfnisse sind unser Hauptanliegen – und die sind weder männlich noch weiblich, sondern einfach menschlich.

3. Achtung, Wölfe!

Über die Kunst des Umdeutens

Herausfordernde Geschichte

Kleine Anfrage

HOLGER: „Haste mal einen Moment Zeit?“

MARKUS: „Nee. Du siehst doch, dass ich zu tun habe.“

HOLGER: „Hör mal, das ist jetzt wirklich wichtig. Von meinem Schreibtisch verschwinden ständig irgendwelche Memos, die Anette angeblich dort hingelegt haben will. Mir ist jetzt schon ein paar Mal passiert, dass ich wichtige Informationen und Mitteilungen gar nicht mitgekriegt habe. Hast du vielleicht ’ne Ahnung, was da los sein könnte?“

MARKUS: „Das ist ja wohl jetzt ’ne Frechheit, oder?“

HOLGER: „Was meinst du mit Frechheit? Dass irgendwelche Sachen hier verschwinden?“

MARKUS: „Ich meine, dass es eine Frechheit ist, zu behaupten, ich würde deine Memos vom Schreibtisch klauen.“

HOLGER: „Das habe ich nicht gesagt! Ich wollte nur wissen, ob du vielleicht was gesehen hast – ach, vergiss es doch. Du bist ja dermaßen empfindlich ...“

MARKUS: „Was nervst du mich dann überhaupt mit deiner Fragerei?“

HOLGER: „Vielleicht, weil ich die Hoffnung nicht aufgebe, eines Tages mal einen freundlichen Satz aus deinem Mund zu hören.“

MARKUS: „Ich glaube, es wäre besser, wenn du zurück an deinen Schreibtisch gehst und weiter an deiner Karriere bastelst.“

HOLGER: „Hast du ein Problem mit meiner Arbeitsweise?“

MARKUS: „Ich habe grundsätzlich ein Problem, wenn ich sehe, wie einer vor der Chefin rumbuckelt.“

HOLGER: „Mann, ich habe gerade selber einen mächtigen Anpfiff von ihr gekriegt, weil ich angeblich alle möglichen Termine verschlampe!“

MARKUS: „Aber das hast du bestimmt wieder hingebügelt, was?“

HOLGER: „Das sagst du doch nur, weil du neidisch bist.“

MARKUS: „Komm, lass gut sein, ja? Geh deine Memos suchen oder mal’ was Schönes für unsere Auftraggeber. Ich möchte jetzt hier weitermachen, okay?“

HOLGER: „Alles klar, Mister Birkenstock. Danke für die wundervolle Zusammenarbeit."

MARKUS: „Nichts zu danken, Designer der Herzen."

Gewalt in der Sprache

Starker Tobak? Dies ist nicht unbedingt eine „typische" Szene aus dem Arbeitsalltag – aber sie eignet sich hervorragend dafür, Ihnen bestimmte Elemente und Grundannahmen der Gewaltfreien Kommunikation am Praxisbeispiel zu erläutern. Es muss schon einiges schief gelaufen sein in der Kommunikation zwischen diesen beiden Herren – und das über einen längeren Zeitraum hinweg –, um so eine Art von Wolfgeheul überhaupt möglich zu machen. Verlassen wir uns einfach darauf, dass die Gewaltfreie Kommunikation auch in solch „schweren" Fällen Wirkung zeigen wird – und wenden wir uns zunächst einmal den Anteilen der Sprache zu, die Gewalt fördern.

Alle Sprachelemente, die beim Gesprächspartner Frustration, Druck, Enttäuschung, Widerstand, Schuld, Scham oder Angst auslösen, bereiten den Boden für Gewalt. Manchmal sind diese Anteile sehr leicht zu identifizieren, manchmal kommen sie gut verpackt daher und sind nicht auf den ersten Blick erkennbar. Zu den Klassikern unter ihnen gehören

- moralische Urteile,
- Urteile darüber, was richtig oder falsch, angemessen oder unangemessen ist,
- Analysen und Interpretationen,
- Verallgemeinerungen,
- das Leugnen von Verantwortung,
- Forderungen,
- Vorwürfe und Unterstellungen.

Wie viel davon konnten Sie schon in diesem Gespräch zwischen Holger und Markus entdecken? All diese Sprachanteile bewirken in der Regel, dass der andere darauf reagiert – wenn nicht mit Rückzug, dann mit Verteidigung oder mit Gegenangriff. So entsteht eine Art von Duett, bei dem Vorwürfe mit Analysen beantwortet werden oder Unterstellungen mit Urteilen: Ein Konflikt eskaliert.

Sprachgewalt

Woher kommt diese Sprache? Der Erklärungsansatz der Gewaltfreien Kommunikation lautet folgendermaßen: Die Menschen reden so, weil sie sich nicht besser ausdrücken können. Sie haben es nicht anders gelernt. Jeder gibt die Sprachmuster weiter, die er oder sie selbst erfahren hat – im festen Glauben, sie seien wirksam und nützlich. Und wirksam sind sie tatsächlich, jedenfalls bis zu einem gewissen Grad: Sie können beim anderen Angst, Scham oder Schuld hervorrufen, die wiederum bewirken sollen, dass er sich unterwirft und das erwünschte Verhalten an den Tag legt.

Solche „Erziehungsmittel", wie wir sie nennen, finden nicht nur dort Anwendung, wo bewusst erzogen werden soll. Sie sind Teil unserer lebensentfremdeten Alltagssprache und werden ebenso unter Partnern und Kollegen eingesetzt wie zwischen Chefs und ihren Mitarbeitern – und zwar immer dann, wenn ein anderer sich nicht so verhält, wie man es von ihm erhofft hat.

Genau das sind die Momente, in denen Menschen sich ihrer Bedürfnisse – also der Dinge, die sie gerade brauchen – nicht bewusst sind. So gesehen, ist Gewaltsprache eine Art Behelfssprache, oder, wie Marshall Rosenberg es nennt, „der tragische Ausdruck eines unerfüllten Bedürfnisses". Jeder Ausdruck von Gewalt wäre demnach ein misslungener Versuch, sich Bedürfnisse zu erfüllen.

Was die Menschen eigentlich sagen wollen ...

... ist etwas ganz anderes. Und hier kommt die Definition der Gewaltfreien Kommunikation als ein alternatives Deutungssystem zum Tragen: Wir gehen davon aus, dass Menschen grundsätzlich *für sich* und nicht *gegen andere* handeln. Deswegen ist jede Aktion, jede Aussage nichts anderes als eine Botschaft über die Gefühle und Bedürfnisse der agierenden Person. Eine Selbstmitteilung also, wie sie manchmal verschlüsselter nicht sein könnte. Die Haltung der Gewaltfreien Kommunikation ist der Zugangscode dafür.

Sie möchten ein Beispiel? Hier ist es: Das Wolfsgeheul der Kollegen Holger und Markus ließe sich – mit etwas Einfühlung und Phantasie – folgendermaßen übersetzen:

HOLGER: „Haste mal einen Moment Zeit?"
(Bitte schenk mir jetzt deine Aufmerksamkeit.)

MARKUS: „Nee. Du siehst doch, dass ich zu tun habe."
(Kannst du mich bitte später fragen?)

HOLGER: „Hör mal, das ist jetzt wirklich wichtig. Von meinem Schreibtisch verschwinden ständig irgendwelche Memos, die Anette angeblich dort hingelegt haben will. Mir ist jetzt schon ein paar Mal passiert, dass ich wichtige Informationen und Mitteilungen gar nicht mitgekriegt habe. Hast du vielleicht 'ne Ahnung, was da los sein könnte?"
(Deine Unterstützung ist mir wichtig, weil ich mein Problem nicht alleine lösen kann.)

MARKUS: „Das ist ja wohl jetzt 'ne Frechheit, oder?"
(Glaubst du, dass es was mit mir zu tun hat?)

HOLGER: „Was meinst du mit Frechheit? Dass irgendwelche Sachen hier verschwinden?"
(Willst du mir helfen?)

MARKUS: „Ich meine, dass es eine Frechheit ist, zu behaupten, ich würde deine Memos vom Schreibtisch klauen."
(Ich fühle mich unsicher. Ich weiß immer noch nicht, worauf du hinauswillst.)

HOLGER: „Das habe ich nicht gesagt! Ich wollte nur wissen, ob du vielleicht was gesehen hast – ach, vergiss es doch. Du bist ja dermaßen empfindlich ..."
(Ich bin frustriert, weil ich deine Hilfe nicht bekomme.)

MARKUS: „Was nervst du mich dann überhaupt mit deiner Fragerei?"
(Sag mir bitte, was du brauchst.)

HOLGER: „Vielleicht, weil ich die Hoffnung nicht aufgebe, eines Tages mal einen freundlichen Satz aus deinem Mund zu hören."
(Ich möchte eine Verbindung zu dir.)

MARKUS: „Ich glaube, es wäre besser, wenn du zurück an deinen Schreibtisch gehst und weiter an deiner Karriere bastelst."
(Ich habe Angst, dass meine eigene Arbeit nicht anerkannt wird.)

HOLGER: „Hast du ein Problem mit meiner Arbeitsweise?"
(Bitte sag mir, was du wirklich denkst.)

MARKUS: „Ich habe grundsätzlich ein Problem, wenn ich sehe, wie einer vor der Chefin rumbuckelt."
(Ich möchte wahrgenommen und wertgeschätzt werden, wie ich bin.)

HOLGER: „Mann, ich habe gerade selber einen mächtigen Anpfiff von ihr gekriegt, weil ich angeblich alle möglichen Termine verschlampe!"
(Ich sitze mit dir im selben Boot.)

MARKUS: „Aber das hast du bestimmt wieder hingebügelt, was?"
(Ich möchte auch dazugehören.)

HOLGER: „Das sagst du doch nur, weil du neidisch bist."
(Ich bin ungehalten, weil meine Integrität mir wichtig ist.)

MARKUS: „Komm, lass gut sein, ja? Geh deine Memos suchen oder mal' was Schönes für unsere Auftraggeber. Ich möchte jetzt hier weitermachen, okay?"
(Ich bin frustriert, weil ich mich nicht verständlich machen kann.)

HOLGER: „Alles klar, Mister Birkenstock. Danke für die wundervolle Zusammenarbeit."
(Ich bin traurig, weil ich nicht weiß, wie ich Kontakt zu dir bekomme.)

MARKUS: „Nichts zu danken, Designer der Herzen."
(Und ich erst!)

Zu diesem Zeitpunkt wäre übrigens weder Holger noch Markus damit gedient, wenn sie dieses „Übersetzungsprotokoll" vorgelegt bekämen. Zum Wahrnehmen und Erkennen der Gefühle und Bedürfnisse des anderen gehört, mit den eigenen in Verbindung zu stehen, und das ist bei keinem der beiden der Fall. Von daher wird uns ihr Konflikt – als einer von vielen unterschiedlichen Schauplätzen – noch eine Weile beschäftigen und uns auch Einsichten zum Thema „Mobbing" vermitteln.

Bleiben wir also zunächst dem Wolf auf der Spur und folgen ihm einfach nach nebenan. Verletzte Wölfe sind ein Kapitel für sich – und zwar unser nächstes.

4. Auf Kollisionskurs

Trennende oder verbindende Sprachmuster (I)

Ich werde noch wahnsinnig hier!

CHRISTOPH: „Holger, hättest du in einer halben Stunde Zeit für ein kurzes Meeting wegen der Möbelhaus-Kampagne? Ich bin da grad etwas ratlos – huch, was machst du denn für ein Gesicht?"

HOLGER: „Ich werd noch wahnsinnig hier in diesem Laden. Erst macht mich Anette an, dass ich nie ihre blöden Zettel lese, und dann stellt sich heraus, dass ein Kunde vor ein paar Tagen telefonisch seine Änderungswünsche durchgegeben hat, und dieser verdammte Markus hat mir nichts davon gesagt."

CHRISTOPH: „So ein Mist. Stimmt, Markus ist manchmal nicht der Zuverlässigste im Weitergeben von Nachrichten. Ich glaube, seit der Geburt der Zwillinge hat der keine einzige Nacht mehr durchgeschlafen."

HOLGER: „Wieso nimmt eigentlich jeder ständig diesen Idioten in Schutz? Und was ist mit mir, bitte schön? Nur wegen dem muss ich heute eine Nachtschicht einlegen!"

CHRISTOPH: „Holger, ich versteh ja, dass du sauer bist, aber ich finde es auch nicht okay, so über Abwesende herzuziehen."

HOLGER: „Der macht das mit Absicht, und ich hab den ganzen Stress an der Backe!"

CHRISTOPH: „Na, du bist aber auch nicht grade zimperlich im Austeilen. Neulich hast du ihn beim Meeting gefragt, ob er nur den einen oder zehn gleiche Pullover mit völlig identischen Flecken drauf hat ..."

HOLGER: „Ist doch zum Heulen, wie der immer rumläuft!"

CHRISTOPH: „Ist das ein Grund, ihn vor versammelter Mannschaft zu demütigen?"

HOLGER: „Jetzt spiel du dich hier doch nicht als der große Menschenfreund auf! Wenn du mit Anette Kaffeepause machst, seid ihr doch auch nur am Ablästern."

CHRISTOPH: „Wie kommst du denn darauf?"

HOLGER: „Jedes Mal, wenn ich in die Teeküche komme, hört ihr sofort auf zu reden, und ich fühl mich dann so was von überflüssig ..."

CHRISTOPH: „Holger, das ist genau ein Mal passiert, und da ging's um deinen Geburtstag."

HOLGER: „Willst du mir damit sagen, ich bilde mir das alles nur ein?"

CHRISTOPH: „Gar nichts will ich dir damit sagen. Ich merke nur, dass wir hier ziemlich oft aneinander vorbeireden, und die Art, wie wir das tun, tut mir richtig weh."

HOLGER: „Na, dann tu doch was dagegen. Du bist doch hier sowieso der große Kommunikationsexperte."

CHRISTOPH: „Das werde ich auch. Ich weiß zwar noch nicht, wie, aber mir wird garantiert was einfallen, das verspreche ich dir."

Sprachmuster, die trennen ...

Nein, eine angenehme Situation ist das wahrhaftig nicht, in der Holger sich befindet. Und er reagiert auf diese Situation so, wie es viele Menschen tun: mit Schuldzuweisungen und Unterstellungen. „Seinem Ärger Luft machen" wird es dann genannt – aber was in der Regel übrig bleibt, sind statt einer bereinigten Atmosphäre verhärtete Fronten und eingemauerte Positionen. Dem Thema „Ärger" werden wir uns in einem späteren Kapitel noch ausführlicher widmen. An dieser Stelle soll uns Holgers Wutausbruch als Anlass dienen, uns mit weiteren Sprachelementen auseinanderzusetzen, die Menschen von sich selbst und anderen trennen.

Verantwortung leugnen

Wer sich für das Opfer einer Intrige hält, weist damit die Verantwortung für seine Lage und sein eigenes Handeln weit von sich – es wäre ja schließlich nicht so, wenn nicht die anderen ... Ganz gleich, ob sich Holgers Verdacht, Markus würde ihn absichtlich nicht informieren, irgendwann bestätigen wird oder nicht: Vorerst bleibt es eine Unterstellung. Und die ist nicht besonders hilfreich, wenn es um das Lösen des eigentlichen Problems geht.

Es gibt zahlreiche Formen, die Verantwortung für sein Handeln zu leugnen – sich als Opfer zu betrachten, ist nur eine von vielen. Dabei geht es nicht darum, die Umstände bzw. das Verhalten anderer, das die Situation ermöglicht oder mitgestaltet hat, zu ignorieren. Es sind immer viele Kräfte, die da wirken – und manchmal eben nicht im Interesse desjenigen, der gerade das Problem hat. Der Impuls, die Verantwortung für eine missliche Lage bei anderen zu suchen, ist nachvollziehbar. Die Suche nach dem „wahren Täter" führt jedoch meist in eine Sackgasse. Denn wer „nichts dafür kann", macht sich selbst zum Spielball finsterer Kräfte, erfährt nichts über seine eigentlichen Gefühle und Bedürfnisse – und bleibt darüber hinaus auf seinem Ärger sitzen.

In welcher Stimmung wird Holger wohl seine Nachtschicht absolvieren, solange er glaubt, dass Markus ihm die ganze Geschichte eingebrockt hat? Und wie ginge es ihm damit, wenn er sich stattdessen fragen würde, was er zu dieser Situation beigetragen hat?

Schuldzuweisungen und Unterstellungen ...

... sind Ablenkungsmanöver und nach unseren Erfahrungen Ausdruck der eigenen Hilflosigkeit. Wenn sie nicht im direkten Kontakt ausgesprochen werden, finden sie häufig Anwendung beim „Herziehen über andere". Tratsch am Arbeitsplatz ist ein Thema, das viele belastet: Laut einer aktuellen Umfrage[4] vermiest er 48% der Befragten den Job; unter gegenseitigen Schuldzuweisungen leiden nach eigener Aussage 52%. Wer über andere herzieht, braucht nicht über sich selbst zu reden – oder gar nachzuforschen, wie es um die eigenen Gefühle und Bedürfnisse steht. Schade eigentlich, denn genau die wären es wert, miteinander geteilt zu werden.

Verallgemeinerungen

„Wieso nimmt eigentlich jeder ständig diesen Idioten in Schutz?", fragt Holger voller Empörung. Jeder? Ständig? Und was war mit Holgers Behauptung, jedes Mal, wenn er in die Teeküche käme, würden Christoph und Anette sofort aufhören zu reden?

Immer, ständig, nie oder jeder gehören zu den Verallgemeinerungen, die als „Verstärker" eingesetzt werden, um einer Aussage größeren Nachdruck zu verleihen. In Wirklichkeit passiert dabei genau das Gegenteil, und die vermeintliche Beobachtung wird zur Falschmeldung. Einen Effekt gibt es allerdings nicht nur beim Empfänger – der wird vermutlich mit Abwehr reagieren, wenn er solche Verallgemeinerungen hört –, sondern auch beim Sprecher selbst: Solange Holger denkt (und behauptet), Christoph und Anette würden „jedes Mal" aufhören zu reden, wenn er die Teeküche betritt, wird davon auch seine Annahme genährt, dass es bei diesen Gesprächen wohl nur um ihn selbst oder andere Kollegen gegangen sein kann.

... und Sprachmuster, die verbinden

Beobachtung

Ein wichtiges Element und erster Schritt im 4-Schritte-Modell der Gewaltfreien Kommunikation ist die Beobachtung. Was ist gerade passiert? Was genau war der Auslöser für die Unstimmigkeit? Eine Beobachtung ist grundsätzlich frei von jeder Bewertung. Sie benennt lediglich das, was etwa eine Kamera oder ein Aufnahmegerät in einer bestimmten Situation aufgezeichnet hätten.

Die Fähigkeit, Beobachtungen und Bewertungen voneinander zu trennen, ist nicht nur im Kontext des 4-Schritte-Modells eine Bereicherung. Sie hilft dabei, vorschnelle und „automatische" Reaktionen zu vermeiden, trennt Fakten von Fiktion und erleichtert so die eigene Standortbestimmung. Kommen wir noch einmal zum Teeküchenbeispiel zurück: Holgers wertneutrale Beobachtung wäre gewesen, dass Christoph und Anette an einem Dienstagnachmittag im Juni zu reden aufhörten, als er die Teeküche betrat. Die Ergänzung „jedes Mal" macht aus diesem Vorfall bereits eine

---

4 *Hamburger Abendblatt* vom 8.2.2005

Art Komplott, und genau so scheint Holger es auch zu interpretieren. Das kurze Innehalten, das mit der Frage „Moment mal, was ist hier eigentlich wirklich passiert?“ einhergeht, reicht meistens schon aus, um auf den Boden der Tatsachen zurückzukehren. Von dort aus können wir unsere Gefühle weitaus besser erforschen und herausfinden, was wir wirklich brauchen.

Einfühlung

Genau wie bei der Beobachtung verzichten wir in der Gewaltfreien Kommunikation auch bei der Einfühlung in einen anderen Menschen auf jegliche Analyse oder Bewertung. Diese Haltung zieht sich wie ein roter Faden durch alle Anwendungsmöglichkeiten. Statt zu interpretieren, finden wir heraus, was den anderen bewegt – was in ihm vorgeht, was er fühlt, was er braucht. Anders als beim Mitleid stehen nicht die eigenen Gefühle im Mittelpunkt, sondern die des anderen. Und es geht auch nicht darum, eine Lösung für ein Problem zu finden, sondern darum, einem Menschen in einer bestimmten Situation „beizustehen“.

Das Thema Einfühlung spielt eine zentrale Rolle in der Gewaltfreien Kommunikation und wird uns in den folgenden Kapiteln immer wieder beschäftigen. Damit Sie eine Vorstellung davon bekommen, wie so etwas in der Praxis aussehen kann, machen wir uns jetzt auf die Suche nach Christoph.

Einfühlung für Christoph

Wir finden ihn schließlich – in der Teeküche. Wo sonst? Auf unsere Frage, was denn passiert sei, bricht es förmlich aus Christoph heraus:

„Ich halte das nicht mehr aus, wie die Leute hier miteinander umgehen! Und mir ist klar, dass ich selber mit meiner Art auch dazu beitrage. Ich habe keine Ahnung, wie man das ändern kann – aber mir reicht's, das können Sie mir glauben!“

Was genau ist der Auslöser dafür gewesen?

„Es geht mir schon eine ganze Zeit so, vor allem bei unseren Meetings. Aber dieses Gespräch, das ich gerade mit Holger hatte ... Als er behauptete, Anette und ich würden hier sitzen und ablästern – Mensch, war ich sauer!“

Sie haben sich bestimmt ziemlich frustriert gefühlt in diesem Moment ...

„Frustriert, ja. Und auch deprimiert.“

Vielleicht auch hilflos?

„Das ist es, genau! Hilflos! Ich kann sagen, was ich will, aber es ändert nichts. Ich fühle mich auch hilflos, wenn ich höre, wie Holger über Markus redet. Ich fühle mich hilflos, wenn ich mitkriege, wie oft wir uns hier missverstehen ... Und dann die kleinen Spitzen in den Bemerkungen! All das lässt mich immer wieder diese Hilflosigkeit spüren.“

Welches Bedürfnis ist nicht erfüllt, wenn Sie sich hilflos fühlen? Was brauchen Sie dann am meisten?

„So etwas wie Menschlichkeit, glaube ich. Einen anderen Umgang miteinander. Mitgefühl."

Harmonie?

„Das auch, ja. Aber es geht nicht darum, dass es nicht auch mal krachen darf hier. Es ist nicht das Was, es ist das Wie. Was mir am meisten fehlt, ist dieses Bewusstsein, dass wir alle im gleichen Boot sitzen."

Geht es Ihnen um Gemeinschaft?

„Ja, genau. Da gibt's sicher noch eine ganze Menge mehr, was ich mir wünsche, aber am wichtigsten ist mir die Vorstellung von Gemeinschaft. Jeder soll ruhig machen können, was er will – aber wir sind ein Team, das am gleichen Strang zieht. Wenn wir das hinkriegen würden ..."

Was müsste denn passieren, damit dieses Bedürfnis erfüllt werden kann? Ganz konkret – und positiv formuliert?

„Ich denke, wir müssten als erstes lernen, aufrichtig und offen miteinander zu reden ... Ich möchte gern selber etwas dafür tun. Allein schon, damit ich mich nicht so hilflos fühle in solchen Situationen!"

Der Kommunikationsexperte

Christoph hat schon einmal auf einem Fortbildungsseminar von Marshall Rosenberg und seinem Modell der Gewaltfreien Kommunikation gehört. Als wir ihm ein wenig mehr darüber erzählen, ist er davon angetan: Das möchte er lernen, und zwar sofort. Kein Problem! Zu unserer Mission gehört natürlich, dass wir jede Menge Lern- und Übungsmaterial griffbereit dabeihaben. Also versorgen wir Christoph zunächst einmal mit Marshalls Grundlagenwerk und einer Broschüre über GFK-Übungsgruppen in seiner Stadt.

Dass Christoph sich heute nach Feierabend nicht – wie sonst oft – mit Möbelhaus- oder anderen Werbekampagnen beschäftigen, sondern mit Leidenschaft und großem Interesse seinem Ruf als Kommunikationsexperte widmen wird, halten wir für sehr wahrscheinlich.

5. Führungsangelegenheiten

Führen und einfühlen

Chefgespräch

CORINNA: „Kommen Sie rein, Markus. Haben Sie den Laserausdruck der Anzeige auch dabei?"

MARKUS: „Ja."

CORINNA: „Zeigen Sie doch mal her. Sieht gut aus! Haben Sie dem Kunden schon einen Korrekturabzug durchgefaxt?"

MARKUS: „Nein."

CORINNA: „Sie sind heute wieder mal nicht besonders gesprächig, was? Wieso hat der Kunde noch keine Kopie bekommen?"

MARKUS: „Weil Sie sagten, ich sollte sofort zu Ihnen kommen, wenn ich damit fertig bin."

CORINNA: „Du lieber Himmel, Markus, Sie kennen den Ablauf doch! Bei unserem knappen Timing müssen Sie als erstes das Okay vom Kunden einholen! Außerdem wollte ich Sie gar nicht deswegen – wo gehen Sie denn jetzt hin?"

MARKUS: „Den Ausdruck an den Kunden faxen."

CORINNA: „Jetzt bleiben Sie doch erstmal hier! Menschenskind, Sie können einen manchmal schon verrückt machen mit Ihrer Art ... Verschicken Sie Ihr Fax nach unserem Gespräch, es wird sowieso nicht lange dauern. Ich muss noch tausend andere Sachen erledigen."

MARKUS: „Okay."

CORINNA: „Markus, ich hatte gestern eine längere Unterhaltung mit Anette und Holger. Irgendwie scheinen bei uns neuerdings Informationen verlorenzugehen, sprich: Notizzettel. Anette legt sie auf Holgers Tisch, aber Holger bekommt sie nie zu sehen."

MARKUS: „Vielleicht sollten Sie mal als erstes im Papierkorb von Holger nachschauen."

CORINNA: „Wie reden Sie da von Ihrem Kollegen! Wirklich, Markus, Ihr Benehmen ist total unmöglich. Und genau darüber wollte ich mit Ihnen reden: Mir ist aufgefallen, dass Sie als Holgers engster Mitarbeiter –"

MARKUS: „Ich bin Holgers engster Mitarbeiter?"

CORINNA: „... als der Kollege, der mit Holger am engsten zusammenarbeitet, praktisch keine Informationen an ihn weitergeben. Sie erzählen ihm nicht, was in seiner Abwesenheit stattgefunden hat, besonders wenn es Dinge sind, die auch ihn betreffen."

MARKUS: „Muss ich das?"

CORINNA: „Meine Güte, was sind Sie unkooperativ! Markus, ich lege großen Wert darauf, dass in diesem Laden die Kommunikation gut läuft, und falls sich mein Eindruck weiter verstärkt, dass Sie diesen Fluss blockieren ..."

MARKUS: „Aber ich bin Graphiker hier und nicht das Schwarze Brett!"

CORINNA: „... dann könnte es sein, dass sich unsere Wege irgendwann trennen müssen. Alles klar, Markus?"

Ist-Zustand und Soll-Zustand: Der Weg zur Lebensbereichernden Organisation

Gespräche zwischen Vorgesetzten und Mitarbeitern haben es oft in sich – die Annahme, dass allein eine hierarchische Ordnung Gespräche in Augenhöhe verhindert, steht immer im Raum. In er Regel heißt das: Autoritäres Verhalten „verlangt" Unterwerfung und Gehorsam – oder ruft Rebellion hervor. Muss das so sein?

Der entscheidende Unterschied zwischen einem „normalen" Unternehmen und einer Lebensbereichernden Organisation liegt darin, dass in Lebensbereichernden Organisationen die Bedürfnisse und Gefühle aller Beteiligter, auch der Mitarbeiter, wichtig sind und einbezogen werden, um ein gutes Ergebnis zu erzielen. Die Wechselwirkung zwischen einer Führungskraft, die gemeinsame Entscheidungen herbeiführt, die dem Leben dienen, und einem Mitarbeiter, der diese Autorität respektiert und ihr aus freien Stücken folgt, kann tatsächlich ein Gespräch auf Augenhöhe ermöglichen.

Dabei sind es weniger die Handlungsanweisungen selbst, die Probleme schaffen oder verstärken, sondern die Art und Weise, wie diese Anweisungen ausgesprochen werden. Viele der gewaltfördernden Sprachmuster, die wir bereits benannt haben, finden sich in typischen Gesprächen zwischen Vorgesetzten und Mitarbeitern wieder.

Amtssprache

Wer etwas tun „muss" oder „soll" oder nicht „kann", hat keine Wahl. Die Sprache der Bürokratie (oder „Amtssprache", wie Marshall Rosenberg sie nennt) lässt scheinbar keine Entscheidungsfreiheit. Es sind die Sachzwänge, die Wirtschaftslage oder andere Einwirkungen von außen, die bestimmte Maßnahmen erforderlich machen: Es muss eben sein. Viele Menschen benutzen dieses Sprachelement ebenso häufig wie unbewusst, ohne zu merken, dass sie sich damit die Freiheit der Selbstbestimmung nehmen – und dem Gesprächspartner gegenüber die Verantwortung für ihr Tun nicht übernehmen. Ist es tatsächlich wirksamer, zu sagen „Ich muss noch tausend andere Sachen erledigen", statt tausend andere Sachen erledigen zu *wollen*?

Sicher, es gibt genügend Dinge, bei denen es zunächst schwerfällt, zu behaupten, man wolle sie tun. Wer „will“ schon gerne die überquellende Ablage aufräumen, einen schwierigen Kunden anrufen, eine Reklamation bearbeiten? Die Einsicht, dass auch das Erledigen unangenehmerer Dinge zum Tagesgeschäft gehört, hilft oft nur wenig. Die Haltung, dass auch durch solche Handlungen das eigene Leben und das der anderen bereichert werden kann, hingegen schon mehr. Die Erkenntnis, dass es wesentlich mehr Freude macht, Dinge aus freiem Willen zu erledigen, ist reine Übungssache: Achten Sie in der nächsten Zeit einmal darauf, wie häufig und in welchen Situationen Sie davon sprechen, Sie „müssten“ oder „sollten“ dieses oder jenes tun, und beginnen Sie spielerisch damit, stattdessen das Wort „wollen“ einzusetzen. Wie fühlen Sie sich, wenn Sie zum Beispiel sagen, Sie wollten sich auf Ihre Aufgabe konzentrieren, statt zu behaupten, Sie hätten jetzt keine Zeit? Wie fühlt sich wohl Ihr Gesprächspartner, wenn er hört, dass Sie sich zehn Minuten Zeit für ihn nehmen wollen – und nicht, dass Sie das Gespräch in zehn Minuten beenden müssen?

Vorwürfe und Analysen

Besonders in Gesprächen zwischen Führungskräften und Mitarbeitern können Vorwürfe und Analysen eine besondere Dynamik entfalten. In jedem Vorwurf schwingt ein moralisches Urteil mit. Von der Chefin ausgesprochen, heißt das in der Regel: Du bist nicht gut genug – und diese Botschaft kommt immer an. Wer das vermittelt bekommt, kann höchstens noch zwischen Rebellion oder Gehorsam wählen – oder entscheidet sich zunächst für den Mittelweg der Rechtfertigung.

Ähnlich verhält es sich mit Analysen, Diagnosen und Interpretationen. Obwohl sie eigentlich rein hypothetisch sind, werden Sie als ein Etikett für andere benutzt, das lediglich den eigenen moralischen Bewertungen Rechnung trägt. Der andere wird „abgestempelt“ – in diesem Fall als einer, dessen Benehmen „total unmöglich“ oder „unkooperativ“ ist.

„Erziehungsmittel“

Nicht nur in Chefgesprächen, sondern auch unter Partnern, Freunden und Kollegen wird häufig eines – oder mehrere – der vier so genannten „Erziehungsmittel“ verwendet: das Erzeugen von Schuld oder Scham sowie der Einsatz von Strafe bzw. Drohungen und als Gegenpart dazu Belohnung oder Lob. Die Absicht dahinter ist die Erwartung, der andere würde daraufhin sein Verhalten verändern – möglichst noch aus der Einsicht heraus, zuvor einen Fehler gemacht zu haben und jetzt das „Richtige“ zu tun.

Was für Reaktionen kann eine Drohung wie „dann könnte es sein, dass sich unsere Wege irgendwann trennen müssen“ hervorrufen? Wer seinen Job behalten will, dem bleibt hier nichts als Unterwerfung. Markus hat durch sein Verhalten und seine Kommentare deutlich seine Vorbehalte gegen seinen Kollegen ausgedrückt. Solange die jedoch nicht benannt und geklärt sind, wird eine Drohung von Corinna im besten Fall bewirken, dass er sein Verhalten lediglich ändert, weil er Angst hat, seinen Arbeitsplatz zu verlieren. Sehr wahrscheinlich ist, dass er zukünftig nach anderen Wegen suchen wird, um seinen Frust über Holger in irgendeiner Form auszudrücken. Sehr wahrscheinlich ist auch, dass sein Groll jetzt noch gewachsen ist, nachdem er diese offizielle Rüge eingesteckt hat. Einsicht oder Verständnis jedoch sind hier kaum zu erwarten. Vielmehr sieht Markus seine Annahme bestätigt, dass für Corinna feststeht, wer in diesem Spiel der Gute und wer der Böse ist.

Vier Schritte für Markus

Zu den „tausend Sachen“, die Corinna im Anschluss an das Gespräch mit Markus erledigen will, gehört ein Treffen mit uns. Sie ist froh, dass wir diese Unterredung mitverfolgt haben und ihr Feedback geben können. Als wir ihr sagen, dass sie sich nach dieser Begegnung sicher erschöpft und angespannt fühlt, bricht es förmlich aus ihr heraus, wie sehr sie es hasst, die, wie sie sagt, „Chefin raushängen zu lassen“.

Wir hören zunächst nur zu und erfahren so Näheres über Corinnas Gefühle und Bedürfnisse: Sie sei vor allem ärgerlich und frustriert, weil ihr Bedürfnis nach Effektivität in ihrem Unternehmen so nicht erfüllt sei. „Ich brauche einen zuverlässigen und kooperativen Computergrafiker in meiner Agentur. Markus ist ein fähiger und kreativer Mensch mit viel Know-how – aber wenn er anfängt, so mit seinem Kollegen umzugehen, dann muss – nein, dann will ich etwas dagegen tun.“

Das ist sinnvoll. Die Frage bleibt, inwieweit Vorwürfe und Drohungen adäquate Mittel sind, um unerwünschtes Verhalten zu unterbinden. Wir fragen Corinna, ob sie bereit wäre, Markus Einfühlung zu geben. Seine Anwesenheit ist dafür nicht erforderlich – Corinna kann sich einfach in ihn „hineinversetzen“. Als Ausgangsbasis (im 4-Schritte-Modell entspricht das dem Schritt „Beobachtung“) nehmen wir die Aussage von Corinna:

„Wie reden Sie da von Ihrem Kollegen! Wirklich, Markus, Ihr Benehmen ist total unmöglich. Und genau darüber wollte ich mit Ihnen reden: Mir ist aufgefallen, dass Sie als Holgers engster Mitarbeiter –“

CORINNA: „Oh je, dieser Lapsus mit dem ‚engsten Mitarbeiter‘! Das war mir echt peinlich!“

Was hat Markus wohl gefühlt, als er Corinna das sagen hörte?

CORINNA: „Puuuh ... Nach so einer Rüge fühlt man sich – *gemaßregelt*?“

Das ist ein guter Gedanke, aber kein Gefühl. Gefühle kommen aus dem Inneren und sind Ausdruck für erfüllte oder unerfüllte Bedürfnisse. „Gemaßregelt“ ist ein gedankliches Konzept, eine Interpretation, die überdies einen „Täter“ impliziert.

CORINNA: „Das dürfte dann wohl auch für ‚*gedemütigt*‘ gelten, nicht? Gut – ich würde sagen, dass diese Bemerkung von mir sicher Angst ausgelöst hat in Markus. Und Ärger bestimmt auch.“

Was noch?

CORINNA: „Eifersüchtig könnte er sich gefühlt haben. Bitter und unzufrieden. Er wirkte auf mich ganz verschlossen. Und irgendwie auch resigniert. Du lieber Himmel, das ist ja eine stattliche Anzahl von unangenehmen Gefühlen! Ich gebe es ja ungern zu, aber über so was habe ich mir noch nie weiter Gedanken gemacht!"

Dafür ist es nie zu spät! Wir gehen zum nächsten Schritt und suchen nach den Bedürfnissen, die hinter den Gefühlen stehen. Was hätte Markus in dieser Situation am meisten gebraucht?

CORINNA: „Ganz klar: Wertschätzung. Und eines noch: Mitgefühl."

Wir sind beeindruckt davon, wie präzise Corinna Markus' Bedürfnisse benennen kann, obwohl sie sich über so etwas „noch nie weiter Gedanken gemacht" hat. Ihre Antwort darauf kommt prompt: Sie habe durchaus eine Menge Einfühlungsvermögen, sei aber bisher der Meinung gewesen, dass die Gefühle ihrer Mitarbeiter – und ihre eigenen – am Arbeitsplatz eine untergeordnete Rolle spielen würden. Wir „hören" noch etwas anderes und fragen nach: Ja, sagt Corinna, die Tatsache, dass sie eine Frau in einer Führungsposition sei, habe sicher dazu beigetragen, dass sie das Thema „Gefühle" weit nach hinten gestellt hätte.

Was, glaubt Corinna, müsste geschehen, damit Markus' Bedürfnisse nach Wertschätzung und Mitgefühl erfüllt werden könnten? Bei der Einfühlung in eine andere Person, die nicht anwesend ist, geht es darum, mit viel Phantasie und Kreativität deren mögliche Bitte zu „erraten" – ohne dass die Möglichkeit oder Unmöglichkeit des Erfülltwerdens in Betracht gezogen werden muss. Worum könnte Markus Corinna bitten?

CORINNA: „Dass ich mich in seine Situation hineinversetze? Also das, was ich gerade eben gemacht habe?"

Ja, das wäre eine Möglichkeit. Was gäbe es noch?

CORINNA: „Dass ich ihm erstmal zuhöre, was er zu diesem Thema zu sagen hat, bevor ich sein Benehmen kritisiere."

Das wäre sicher eine Formulierung, der Markus zustimmen würde. Wir bedanken uns bei Corinna für ihre Bereitschaft, die vier Schritte der Gewaltfreien Kommunikation auszuprobieren. Kein Problem, meint Corinna – ihr sei mindestens ein Licht dabei aufgegangen. Wenn es nach ihr ginge, könnten es gern noch ein paar mehr Lichter werden. Das hören wir gern – und machen uns auf den Weg zur Teeküche, während Corinna sich den 999 verbliebenen Sachen widmet.

6. Worum es wirklich geht

Trennende oder verbindende Sprachmuster (II)

Langweilig, was?

ANETTE: „So, Jule, Ihre erste Station haben Sie erfolgreich durchlaufen – Glückwunsch! Was Medienstrategien anbelangt, haben Sie sich ja mittlerweile zur Expertin entwickelt ... Ich denke, in der nächsten Woche können Sie mal unserem Texter über die Schulter schauen."

JULE: „Oh ja, super, das ist cool!"

ANETTE: „Na, Sie klingen ja richtig euphorisch. Hört sich fast so an, als hätten Sie sich bei mir gelangweilt."

JULE: „Nein, nein, überhaupt nicht. Ich habe echt viel gelernt in diesen zwei Wochen."

ANETTE: „Aber besonders spannend war's nicht, was?"

JULE: „Na gut, das Auswerten von Zielgruppenanalysen war vielleicht nicht mein Lieblingsthema ... Oder dass meine selbst entwickelten Medienstrategien am Ende immer den Budgetrahmen gesprengt hätten, das hat manchmal ganz schön genervt."

ANETTE: „Tja, ein guter Medienstratege muss eben immer die Kosten im Auge behalten. Da nützen einem auch die tollsten Werbeslogans nichts."

JULE: „Klar! Deswegen fand ich ja auch die Zeit mit Ihnen ..."

ANETTE: „Aber dieser Aspekt wird von Außenstehenden gerne unterschätzt, meine liebe Jule. Kreativ wollen sie alle sein, aber das Zeug muss schließlich auch irgendwie an den Mann oder die Frau gebracht werden."

JULE: „Ich sag' doch gar nicht ..."

ANETTE: „Natürlich weiß ich, dass das Auswerten von Analysen nicht gerade zu den attraktivsten Aufgaben in einer Werbeagentur zählt. Aber wissen Sie, die Realität – oh, hallo Christoph!"

CHRISTOPH: „Hallo, ihr zwei! Ich habe eure letzten Sätze noch mitgekriegt ... Sag mal, Anette, könnte es sein, dass du gerade ziemlich frustriert und unzufrieden bist, weil du mehr Wertschätzung für deine Arbeit hier brauchst?"

ANETTE: „Wie? Was meinst du? Ich, äh – also weißt du ... ja!"

CHRISTOPH: „Ich kann mir vorstellen, dass du oft den Eindruck hast, jeder würde hier nur auf die kreativen Köpfe schauen ... und dann fühlst du dich deprimiert, oder?“

ANETTE: „Ich bin manchmal sogar neidisch! Jules Begeisterung, ab nächster Woche mit dir zusammenzuarbeiten, hat mir eben so richtig die Knöpfe gedrückt!“

JULE: „Ach je, und dabei versuche ich schon die ganze Zeit, Ihnen zu sagen, was für einen Wahnsinns-Job Sie hier machen. Und dass ich echt froh bin, die ersten zwei Wochen bei Ihnen verbracht zu haben.“

ANETTE: „Ach Gott, jetzt bin ich ja richtig verlegen ... Danke, Jule. Und danke, Christoph. Ich hätte wahrscheinlich noch stundenlang hier rumgezickt, wenn du nicht aufgetaucht wärst. War das jetzt eine Kostprobe von dieser ...“

CHRISTOPH: „... Gewaltfreien Kommunikation, genau. Nicht schlecht für den Anfang, oder?“

Reine Übungssache

Nicht schlecht für den Anfang? Wir sind begeistert von Christophs Naturtalent. Mit seinen Vermutungen zu Anettes Gefühlen und Bedürfnissen lag er richtig – allein seine Art, sich in der neuen Sprache auszudrücken, bedarf noch einiger Übung. Gerade in der ersten Zeit fällt es vielen Menschen schwer, mit ihren eigenen Worten, in ihrer eigenen Umgangssprache einfühlsam zu sprechen. Sollten Sie selbst schon Ihre eigenen ersten Erfahrungen damit gesammelt haben, was es heißt, gewaltfrei zu kommunizieren, haben Sie vielleicht auch schon die Frage gehört: Was redest du denn auf einmal so komisch? Lassen Sie sich davon keinesfalls entmutigen – Sie sind auf dem richtigen Weg. Und Ihre Worte, so holprig sie anfangs noch klingen mögen, werden ihre Wirkung trotzdem nicht verfehlen. Mitgefühl und Einfühlung sind Bedürfnisse, nach deren Erfüllung sich die meisten Menschen so sehnen, dass es ihnen auf den Inhalt und nicht so sehr auf die Verpackung ankommt – und solange Ton und Absicht Herzenssache sind.

Bevor wir uns Christoph, Anette und Jule etwas ausführlicher zuwenden, möchten wir noch einmal auf trennende oder verbindende Sprachmuster zurückkommen. Der Gesprächsverlauf zwischen Anette und Jule ist ein guter Anlass, um das Thema „Belehren und Besserwissen“ etwas genauer unter die Lupe zu nehmen.

Am Anfang war die Unterstellung ...

Nichts gegen Intuition oder „Bauchgefühl“. Ganz im Gegenteil – es lohnt sich, dieser inneren Stimme zuzuhören. Schwierig wird es erst dann, wenn wir ihr die Definitionsmacht übertragen, ohne uns beim anderen rückzuversichern – und um den geht es schließlich. Unsere kleine innere Stimme kann in der Vergangenheit noch so viele Volltreffer gelandet haben, sie gehört trotzdem zunächst ins Reich der Hypothesen.

Bauen wir unsere Kommunikation auf unseren Annahmen auf, wird aus einem intuitiven Impuls schnell eine Unterstellung. Und die wiederum kann, wie Sie in unserem Dialog gesehen haben, die Gesprächspartner nachhaltig voneinander trennen.

Anette lässt sich von ihrer eigenen Unterstellung, Jule hätte sich bei ihr gelangweilt, regelrecht mitreißen: Statt deren Antwort zuzuhören, redet sie sich richtig in Fahrt, und alles, was Jule einzuwenden versucht, scheint ihre Theorie noch zu bestätigen. Anette ist völlig in ihre eigene Welt eingetaucht und offenbar außerstande, sich Jule zuzuwenden. Das Ergebnis davon ist, dass sie nicht bekommt, was sie braucht: Hinter den Belehrungen und Ratschlägen, die Anettes Unterstellung folgen, steckt meist das Bedürfnis nach Wertschätzung für die eigene Arbeit.

Belehren und Besserwissen

Selbst wenn es um unwiderlegbare Fakten geht – wer jemanden eines Besseren belehrt, trennt meistens die Verbindung. Recht zu behalten mag vordergründig eine gewisse Befriedigung nach sich ziehen, der Wunsch danach zeigt lediglich, wie ausgeprägt das eigene Bedürfnis nach Sicherheit ist – und wie unerfüllt. Marshall Rosenberg fasste es in der Frage zusammen: „Willst du Recht behalten oder glücklich sein? Beides gleichzeitig geht nicht."

Denn selbst wenn man einiges von ihnen lernen könnte – Besserwisser werden mit ihren Kenntnissen kaum bei anderen landen können. Wer andere ungefragt belehrt, ohne zuvor eine einfühlsame Verbindung zu ihnen hergestellt zu haben, vermittelt ihnen: Ich weiß, was Sache ist – und du bist doof. Das wiederum kann Abwehr, Frustration oder Aggressivität hervorrufen, aber in den seltensten Fällen das, was die gewünschte Reaktion des Belehrten auf die Botschaft sein sollte: Hey, du hast ja wirklich Ahnung!

Oft ist es versteckter oder unbewusster Frust, der hinter den Belehrungen steckt. In unserem Beispiel wird es durch Christophs Eingreifen offensichtlich: Anette möchte, dass ihre Arbeit gewürdigt wird. Die Strategie, die sie dafür verwendet (in der Gewaltfreien Kommunikation nennen wir alle Handlungen, die zur Erfüllung eines Bedürfnisses führen sollen, Strategien), ist denkbar unglücklich und führt nicht zum gewünschten Ergebnis. Was für Alternativen wären stattdessen möglich gewesen?

Mit anderen Ohren

Nehmen wir die Frage gleich hinein in unser kleines Meeting. Christoph ist gerade dabei, den beiden Frauen die Grundannahmen der Gewaltfreien Kommunikation darzulegen. Jule wirkt sehr interessiert, Anette ein wenig skeptisch.

CHRISTOPH: „Es gibt kein gutes oder schlechtes, richtiges oder falsches Verhalten. In Bezug auf die Erfüllung von Bedürfnissen ist ein Verhalten angemessen – oder auch nicht."

ANETTE: „Wie bitte?! Aus meiner Sicht gibt es Verhalten, das ich schlicht und ergreifend daneben finde. Oder noch schlimmer."

CHRISTOPH: „Kannst du ja auch. Aber erstens heißt es nicht, dass alle Welt es daneben finden muss – dann wäre es nämlich ein moralisches Urteil und nicht dein eigenes, persönliches Werturteil –, und außerdem ist es sehr viel menschlicher, jedem zunächst mal eine gute Absicht zu unterstellen, statt sein Verhalten negativ zu bewerten. Was wissen wir denn schon, warum der so und nicht anders gehandelt hat?"

JULE: „Wir fragen viel zuwenig, finde ich. Und wir hören nicht richtig zu."

CHRISTOPH: „Und wenn, dann tun wir es meistens mit Wolfsohren – grrrr! Und setzen noch eins drauf! Wenn wir uns hier mit anderen Ohren hören würden ..."

ANETTE: „Das ist mir jetzt etwas zu abgehoben. Kannst du mir mal ein Beispiel geben?"

CHRISTOPH: „Na, gerade eben. Wer dir zugehört hätte, der hätte wahrscheinlich als erstes gedacht: ‚Meine Güte, ist die mies drauf.' Wenn ich dir stattdessen mit Giraffenohren zuhöre –"

ANETTE: „Giraffenohren?"

CHRISTOPH: „Das ist in der Gewaltfreien Kommunikation das Alternativsymbol zum Wolf. Also, wenn ich dir stattdessen mit Giraffenohren zuhöre, dann frage ich mich: Was meint Anette wirklich? Was braucht sie gerade? Ich lasse mich gar nicht auf die Ebene ein, auf der du sprichst, weil wir sonst ziemlich bald Streit hätten, sondern versuche, dahinter zu schauen."

JULE: „Und dahinter sind die Gefühle und die Bedürfnisse, richtig?"

CHRISTOPH: „Genau. Und um die geht es. Jedem. Immer. Marshall sagt ..."

ANETTE: „Jetzt lass mal gut sein. Wie hätte ich denn meine Gefühle und Bedürfnisse gerade eben besser rüberbringen können?"

Mit anderen Worten

Ein guter Moment, um uns in das Gespräch einzuschalten und uns mit Anette zu befassen. Wir schlagen ihr vor, den Moment zu benennen, an dem das Gespräch mit Jule „kippte".

ANETTE: „Es fing schon mit Jules Begeisterung an, mit Christoph zu arbeiten. Aber als sie davon sprach, dass ihre Werbemaßnahmen immer den Budgetrahmen gesprengt hätten, da kam auf einmal mein eigener Frust hoch ..."

Sie müssen ständig die Kosten im Auge behalten, und damit ernten Sie vermutlich nicht immer Begeisterung bei Ihren Kollegen, nicht?

ANETTE: „So ist es! Oft komme ich mir vor, als wäre ich hier die Kreativbremse, weil ich immer wieder sagen muss, nee Leute, geht nicht, das wird dem Kunden einfach zu teuer!"

Und dann sind Sie frustriert ...

ANETTE: „Und einsam. Und resigniert. Es war schon richtig, was Christoph meinte: Ich wünsche mir mehr Wertschätzung für meine Arbeit. Aber soll ich hier rumrennen und den Leuten sagen, los, lobt mich mal? Ich mach hier einen Superjob, und ihr meckert nur an mir rum?"

Was würden Sie denn gern von Ihren Kollegen hören?

ANETTE: „Na ja, ab und zu mal so was wie: ‚Danke, dass du den Überblick über die Finanzen behältst, denn damit sicherst du auch meinen Arbeitsplatz.' Oder: ‚Wenn du nicht wärst, würden wir unsere Slogans in den Wald rausrufen, aber keiner würde sie hören!'"

Und welche Bitte könnte die Kollegen veranlassen, zu zeigen, dass sie diese Arbeit würdigen?

ANETTE: „Genau das fällt mir so wahnsinnig schwer – um etwas zu bitten, vor allem, wenn es um Dinge wie Anerkennung oder Wertschätzung geht. Da tu ich lieber so, als ob ich's nicht nötig hätte ..."

CHRISTOPH: „Aber hintenrum kommt's dann doch wieder raus. Es ist wirklich verrückt: Lieber pöbeln wir uns gegenseitig an oder machen uns nieder, als dass wir eine Bitte aussprechen würden."

JULE: „Also, ich würde sagen: ‚Bitte hört mir mal kurz zu, ich möchte was über meinen Job erzählen und wie's mir manchmal damit geht.' Die anderen müssen doch erst mal wissen, was Sie eigentlich den ganzen Tag tun! Ich hatte doch vorher selber null Ahnung!"

ANETTE: „Das ist gut. Das werde ich mal auf einem unserer nächsten Meetings machen."

CHRISTOPH: „Manchmal weiß ich gar nicht, was wichtiger ist: lernen, anders zu hören oder lernen, anders zu sprechen. Ich glaube, wenn du Jule vorhin mit Giraffenohren zugehört hättest, dann hättest du schon eine Menge Wertschätzung für deine Arbeit heraushören können."

Gemeinsam mit anderen

CHRISTOPH: „Sehe ich das eigentlich richtig, dass ich hier gerade zwei Verbündete gefunden habe, was die Kommunikation in unserem Laden angeht?"

JULE: „Also, ich finde das total spannend. Bei mir an der Uni läuft auch so vieles schief – und dabei studiere ich Kommunikationswissenschaften!"

ANETTE: „Es ist auf jeden Fall was dran. Ich lass das alles mal auf mich wirken ..."

Eine außergewöhnliche und erfolgreiche Teepause, die auch ganz anders hätte verlaufen können, finden wir. Und natürlich sind wir froh über die Aussicht, so viel Unterstützung bei unserem Einsatz zu bekommen. Die Wahrscheinlichkeit einer Ansteckung bei der Gewaltfreien Kommunikation ist sehr hoch, aber die Bereitschaft, sie anzuwenden, bedeutet auch, sich mit Dingen auseinanderzusetzen, die zunächst herausfordernd sein können. Andererseits: Die Wirkung setzt sofort ein. Selten wurden in dieser Teeküche nach einer Diskussion die Tassen so einträchtig und liebevoll gemeinsam abgewaschen.

7. Zeit für Gefühle

Wie viel Gefühl verträgt ein Büro?

Wie soll ich's ihr denn sagen ...

JULE: „Christoph, kann ich Sie mal stören?"

CHRISTOPH: „Klar. Was ist denn los? Sie sehen ja richtig mitgenommen aus."

JULE: „Ich war gerade bei der Chefin, und das lief ziemlich blöd ..."

CHRISTOPH: „Was ist passiert?"

JULE: „Also, eigentlich wollte sie nur wissen, wie's mir geht, nachdem die Hälfte meines Praktikums ja schon fast rum ist. Ob ich zufrieden wäre mit dem, was ich bis jetzt gelernt habe ... Klar bin ich zufrieden, und das habe ich ihr auch gesagt. Und dann hat sie gefragt, wie mein Kontakt zu den anderen Mitarbeitern sei. Gut, habe ich gesagt – aber irgendwie hatte ich die ganze Zeit das Gefühl, sie wollte was ganz anderes ..."

CHRISTOPH: „Wie sind Sie auf den Gedanken gekommen?"

JULE: „Na ja, ich bin doch jetzt bei Markus. Der hat irrsinnig viel zu tun, und ich habe ganz selten Gelegenheit, mal selber was am Computer auszuprobieren. Aber das ist okay, weil Markus mir alles erklärt, was er macht, und durchs Zugucken lerne ich auch viel. Außerdem ist er voll nett. Das hat Corinna aber überhaupt nicht interessiert. Die wollte nur wissen, warum ich noch keine Computerausdrucke von meinen eigenen Entwürfen hätte, und ob Markus sich überhaupt Zeit für mich nähme. Ich hab mich richtig ausgehorcht gefühlt!"

CHRISTOPH: „Und wie ging's Ihnen damit?"

JULE: „Ich war total genervt, weil sie anfing, mir einen Vortrag zu halten, was alles zu einem guten Praktikum gehört. Wie meine frühere Lehrerin hat die auf einmal geredet! Als sie mich irgendwann fragte, was los sei, und ich gesagt habe, nichts, ist sie dann richtig in Fahrt gekommen."

CHRISTOPH: „Kein Wunder ..."

JULE: „Wie – hätte ich vielleicht sagen sollen, dass ich mich total bevormundet fühle von ihr?"

CHRISTOPH: „Nein, das nun nicht gerade."

JULE: „Wie soll ich denn mit ihr über meine Gefühle reden! Erstens bin ich hier nur die Praktikantin, und zweitens wäre sie noch wütender geworden, wenn ich ihr gesagt hätte, dass ich mich nicht ernst genommen fühle!"

CHRISTOPH: „Ist ja auch ein Vorwurf. Und wie ist das Ganze jetzt ausgegangen?"

JULE: „Am Ende hat sie sich dann wieder ein bisschen eingekriegt und mir gesagt, wie wichtig es ihr sei, dass die Praktikanten in ihrer Agentur genug lernen. Versteh ich ja! Aber ich konnte einfach nichts mehr sagen, weil ich voll eingeschüchtert war, und darüber habe ich mich natürlich auch wieder geärgert ... Gewaltfrei hin, gewaltfrei her – dieses Gespräch ist jedenfalls nicht besonders gut gelaufen."

Scheingefühle

Wir reden oft über sie, ohne sie wirklich beim Namen zu nennen. Man könnte fast sagen, dass wir in unserer Umgangssprache einen Weg gefunden haben, an unseren Gefühlen vorbeizureden – trotz häufiger Verwendung der Worte „fühlen" und „Gefühl". Tatsächlich handelt es sich eigentlich um Gedanken, Wahrnehmungen und Interpretationen, die im alltäglichen Sprachgebrauch als vermeintliche Gefühle daherkommen.

Bleiben wir einfach bei den Beispielen, die Jule uns vorgibt: Wer sich bevormundet fühlt, denkt, er würde bevormundet. Das mag am Ende stimmen oder nicht – von einem Gefühl war jedoch nicht die Rede. „Ich fühle mich nicht ernst genommen" – das ist eine Schlussfolgerung oder eine Interpretation, aber mitnichten ein Gefühl. Immer, wenn ein angebliches Gefühl einen Verursacher erfordert, liegt die Wahrscheinlichkeit nahe, dass es sich um ein „Scheingefühl" handelt. „Ich fühle mich ausgehorcht" – Gefühl oder Gedanke? Das Gleiche gilt für Sätze, die mit „Ich habe das Gefühl, dass ..." oder: „Ich habe das Gefühl, als ob ..." beginnen: Sie enden in der Regel damit, dass eine Vermutung oder ein Vergleich, nicht jedoch ein Gefühl benannt wird.

Es ist eine weit verbreitete Angewohnheit, Gedanken und Interpretationen für Gefühle zu halten – und eine, die sich wieder abgewöhnen lässt. Das Wort „fühlen" durch denken, glauben, finden, meinen etc. zu ersetzen, wenn es eigentlich um eine Interpretation geht („Ich glaube, ich werde nicht ernst genommen"), ist die eine Sache. Die andere ist, noch einen Schritt weiter zu gehen und hinter solche „Scheingefühle" zu schauen. Denn dort warten sie schon, die „echten" Gefühle.

„Echte" Gefühle

Die Gefühle, die wir meinen, sind lebendig und dynamisch. Sie tauchen aus unserem Inneren auf – und oft sind sie bald wieder verschwunden. Und ob sie groß und tief, leicht und verspielt oder dunkel und schwer sind: Sie sind die Art und Weise, wie sich unsere Bedürfnisse bemerkbar machen und nach Aufmerksamkeit rufen – eine Art Sprachrohr also. Auf den Seiten 85-87 finden Sie eine Auswahl dieser Gefühlsworte.

So unterschiedlich und breit gefächert Gefühle auch sind – wir Menschen haben sie alle gemeinsam, ganz gleich, welcher Kultur wir angehören. Welches Gefühl unter welchen Bedingungen wann auftaucht, ist hingegen eine Frage der Persönlichkeit und der individuellen Prägung. Wir neigen dazu, unsere Gefühle in positive und negative aufzuteilen und bemühen uns, die negativen so schnell wie möglich loszuwerden. Im Zusammenhang mit unseren Bedürfnissen wird allerdings aus einem vermeintlich „negativen" schnell eines, das uns wichtige Informationen vermittelt, das wahrgenommen und ausgedrückt werden will – in eigener Verantwortung.

Sie sind der Boss

Es ist nicht immer ein leichter Schritt, die volle Verantwortung für die eigenen Gefühle zu übernehmen. Es bedeutet zum einen anzuerkennen, dass ein anderer Mensch vielleicht Auslöser, aber niemals Ursache für ein Gefühl ist. Durch das Verhalten des anderen werden unsere Bedürfnisse erfüllt oder auch nicht – und die wiederum machen durch ein Gefühl auf sich aufmerksam: unser Gefühl. Das auseinanderzuhalten fällt besonders in emotionsgeladenen Situationen schwer – ohne das, was der andere gesagt oder getan hat, hätte man dieses Gefühl ja nicht, oder? „Mir geht's schlecht, und du hast Schuld" ist ein klassisches Thema in Beziehungen, und auch im Arbeitsalltag taucht es immer wieder auf – dann meistens im Zusammenhang mit Ärger und Frustration.

Verantwortung für seine Gefühle zu übernehmen bedeutet auch anzuerkennen, dass man eine Wahl hat. Natürlich gibt es tragische Ereignisse oder Unfälle, bei denen das nicht unmittelbar zutrifft. Beim alltäglichen Umgang mit Freunden und Kollegen, in der Familie oder am Arbeitsplatz hingegen schon.

Ihre Wahl beginnt in dem Moment, in dem Sie etwas erleben, das ein Gefühl in Ihnen auslöst. Ihr Gefühlsspektrum ist groß und vielfältig – warum wohl gerade dieses? Ihre persönlichen Erfahrungen und Vorlieben mögen einen Einfluss auf diese Wahl haben, aber letztendlich sind Sie es, der oder die entscheidet. Und selbst wenn dieses Gefühl eine Reaktion aus Ihrer individuellen Biografie ist, tragen Sie die Verantwortung. Sie könnten auch anders, und je nach Umständen, Tagesform oder Auslöser tun Sie das auch. Wie auch immer dann am Ende Ihre Wahl ausfällt – das Gefühl, für das Sie sich „entscheiden", verweist auf ein unerfülltes oder erfülltes Bedürfnis. Und auch das gehört ganz und gar Ihnen.

Nicht „baden", sondern benennen

Gefühle hatten in unserer Gesellschaft immer wieder einen unterschiedlichen Stellenwert. Bei „richtigen" Männern lange Zeit verpönt und stattdessen den „emotionalen" Frauen zugewiesen, standen sie einer beruflichen Karriere meist im Weg, bis vielleicht ein Herzinfarkt oder ein Burn-out-Syndrom sie wieder ins Gespräch brachten. Die Erkenntnis, wie wichtig das Wahrnehmen und Ausdrücken von Gefühlen für unser

Leben sind – und wie teuer uns ihr Unterdrücken zu stehen kommt –, führte vorübergehend zur Trennung von Kopf und Bauch („Ich hab da so ein Bauchgefühl ...") und sorgte dafür, dass bei gegebenen Anlässen in Gefühlen „gebadet" wurde, statt sie einfach zu benennen.

Ob Erziehung oder genetischer Code – Frauen haben meist einen leichteren Zugang zu ihren Gefühlen. Das ändert jedoch nichts daran, dass Männer sie im gleichen Umfang haben und von ihnen beeinflusst werden: Es gibt weder typisch männliche noch typisch weibliche Gefühle. Das Gleiche gilt für unsere Bedürfnisse – lediglich bei manchen Strategien, mit denen wir sie uns erfüllen, kann es geschlechtsspezifische Gemeinsamkeiten geben.

Unsere Gefühle sind da, ob wir sie willkommen heißen oder nicht. Sie tauchen nicht nur beim Anschauen sentimentaler Filme oder bei einem Dinner bei Kerzenlicht auf, sondern auch in Teambesprechungen, bei Verkaufsverhandlungen, Kundengesprächen oder Telefonkonferenzen. Und sie entfalten ihre Signalwirkung besonders dann, wenn Gewalt ins Spiel kommt – also all jene trennenden Sprachmuster, die wir Ihnen bereits vorgestellt haben.

Gefühle am Arbeitsplatz

Die Frage ist nicht nur, wie viel Raum wir den Gefühlen geben – sondern auch, welchen. Das aufkommende Hungergefühl bei einem Meeting kann getrost eine Weile ignoriert werden, und ob Sie Ihre Verzweiflung angesichts einer überquellenden Ablage mit Ihrer Bürokollegin teilen wollen oder nicht, werden Sie von Fall zu Fall unterschiedlich entscheiden wollen. Das Wahrnehmen und besonders das Aussprechen von Gefühlen wird dann relevant, wenn sie auf eine Störung hinweisen, die der Klärung bedarf. Werden diese Gefühle nicht benannt, beeinflussen sie nicht nur das eigene Handeln, sondern auch das des jeweiligen Gesprächspartners. Denn im „Erspüren" der Gefühle eines anderen sind wir besser, als wir manchmal denken. Sie können uns irritieren, verunsichern oder provozieren – auf jeden Fall reagieren wir darauf. Wer dann auf seine Nachfrage womöglich ein „Nein, da ist nichts" als Antwort erhält, wird sich ganz auf seine Mutmaßungen und Unterstellungen verlassen – und wohin das führen kann, haben wir bereits gesehen.

Über Gefühle sprechen

Jule hat bei ihrer Unterredung mit Corinna die unterschiedlichsten Gefühle erlebt, auch wenn sie zunächst nur ihre Gedanken und Interpretationen genannt hat. Aufgehorcht haben wir bei ihrer Bemerkung: „Wie soll ich denn mit ihr über meine Gefühle reden! Erstens bin ich hier nur die Praktikantin, und zweitens wäre sie noch wütender geworden, wenn ich ihr gesagt hätte, dass ich mich nicht *ernst genommen* fühle!"

Das Reden über Gefühle bedeutet nicht notwendigerweise eine ausführliche Darstellung der emotionalen Befindlichkeit mit anschließender Diskussion. Die eigenen Gefühle beim Namen zu nennen ist vielmehr eine sinnvolle Information für den Gesprächspartner, eine Art Standortbestimmung. Voraussetzung dafür ist allerdings, gleichzeitig den Auslöser und das dazugehörige Bedürfnis zu benennen, möglichst verbunden mit einer Bitte an den anderen: Voilà – und damit sind wir wieder bei den berühmten vier Schritten angekommen.

Jule liegt vermutlich richtig mit ihrer Annahme, Corinna wäre noch wütender geworden, wenn sie ihr gesagt hätte, sie *fühle* sich nicht ernst genommen. Die Frage ist: Was für ein „echtes" Gefühl steckt dahinter? Was genau war der Auslöser dafür? Welches Bedürfnis ist nicht erfüllt, und last but not least: Kann sich eine Praktikantin erlauben, diese Dinge gegenüber ihrer Chefin auszusprechen? Wir fragen Jule zunächst nach dem Auslöser.

JULE: „Jetzt muss ich erstmal nachdenken ... genau, das war es. Sie sagte: ‚Was zu einem umfassenden Praktikum gehört, können Sie ja wohl am allerwenigsten beurteilen.' Mann, da bin ich innerlich echt hochgegangen!"

Und wie haben Sie sich gefühlt, als Sie das hörten?

JULE: „Also, am stärksten war das Gefühl von Abwehr – mit dem Gedanken: So was lasse ich mir nicht sagen! Andererseits war mir natürlich klar, dass sie irgendwo Recht hat – woher soll ich wissen, was ich lernen soll? Trotzdem hat sie für mich damit rübergebracht, dass ich doof bin. Und so habe ich mich auch gefühlt: jämmerlich und hilflos. Und jetzt, wo wir darüber reden, merke ich auch, dass ich mich einsam gefühlt habe. Ich dachte, na klar, ich bin hier das Schlusslicht in dieser Truppe."

Welches unerfüllte Bedürfnis könnte dahinter stehen?

JULE: „Oh, eine ganze Latte, glaube ich! Respekt, Gleichwertigkeit und Akzeptanz auf jeden Fall. Aber das Gefühl von Einsamkeit, das zeigt mit ganz deutlich, dass es Zugehörigkeit war, die mir in diesem Augenblick am meisten fehlte."

Wie hätte Corinna zur Erfüllung dieses Bedürfnisses beitragen können?

JULE: „Indem sie mir sagt, dass auch meine Meinung hier etwas zählt, auch wenn mir manchmal der Überblick fehlt!"

Für eine konkrete Bitte ist das noch zu vage, und zudem wird Corinna damit eine Aussage in den Mund gelegt, die sie nur aus eigener Initiative aussprechen kann.

JULE: „Okay, dann so: Bitte sagen Sie mir, ob Sie verstanden haben, warum mir das so wichtig ist."

Jetzt kommt der entscheidende Moment: das Aussprechen der gesamten vier Schritte – so, wie Jule es Corinna hätte direkt sagen können.

JULE: „Als Sie sagten, ich könne am allerwenigsten beurteilen, was zu einem umfassenden Praktikum gehört, habe ich mich einsam gefühlt, weil ich ein Bedürfnis nach Zugehörigkeit – Hey, das klingt ja richtig scheiße! So würde ich niemals reden, und schon gar nicht mit der Chefin!"

Und wie würde es besser klingen?

JULE: „Sie haben gerade gesagt, ich könne am allerwenigsten beurteilen, was zu einem umfassenden Praktikum gehört. Das stimmt, aber für mich klingt das so, als wäre ich hier außen vor, und genauso fühle ich mich gerade: einsam. Ich möchte aber gern dazugehören. Bitte sagen Sie mir, ob Sie verstehen können, dass mir das wichtig ist."

CHRISTOPH: „Bravo, Jule! Das hört sich nicht nur gut an, das hättest du auch ohne weiteres Corinna sagen können. Die hätte sich echt gefreut, glaub mir!"

Das glauben wir auch. Viel wichtiger jedoch finden wir Jules Erfahrung, dass das Nicht-Aussprechen von Gefühlen für zusätzliche Komplikationen sorgt – und dass das Wahrnehmen und Aussprechen eine echte Alternative sein kann. Für den Anfang reicht es, das im stillen Kämmerlein zu üben. Mit dem Finden der eigenen Worte wächst auch die Zuversicht – und die nächste Gelegenheit wird sicher nicht lange auf sich warten lassen.

8. Wer braucht was?

Über Bedürfnisse und Strategien

Pause!

ANETTE: „Das sieht ja schon richtig gut aus! Jetzt fehlen uns nur noch ein paar Details, was Druckkosten und Auflagenhöhe betrifft, und dann können wir unser Konzept noch mal abschließend mit Corinna durchgehen ..."

HOLGER: „Und die findet dann noch ein paar weitere Details, mit denen wir uns noch nicht genügend auseinandergesetzt haben ..."

ANETTE: „Ach komm! Am Ende hat sie's ja auch zu verantworten!"

HOLGER: „Ist ja schon gut ... Also, mir reicht's jetzt erstmal. Sollen wir zum Italiener rübergehen und Mittagspause machen? Ich wäre unbedingt dafür."

ANETTE: „Aber wir sind doch noch gar nicht fertig hier!"

HOLGER: „Na und? Ich bin fertig. Zweieinhalb Stunden Präsentation vorbereiten, so was lässt meinen Blutzuckerspiegel in den Keller fahren wie nix. Wenn ich gleich ins Koma falle, hat keiner was davon."

ANETTE: „Los, 'ne halbe Stunde noch. Dann können wir das hier abschließen, und du kannst dir hinterher deine Pizza reinziehen."

HOLGER: „Was spricht gegen eine halbe Stunde Arbeit nach der Pizza?"

ANETTE: „Einiges. Ich muss noch haufenweise Umfragedaten auswerten, und mit meiner Anrufliste für heute bin ich hoffnungslos im Rückstand!"

HOLGER: „Was macht das für einen Unterschied, ob diese halbe Stunde vor oder nach der Pause stattfindet? Kapier ich nicht."

ANETTE: „Ich hab mich nun mal darauf eingestellt, basta."

HOLGER: „Gott, was bist du unflexibel. Wie kannst du mit so 'ner Haltung in dieser Branche überleben?"

ANETTE: „Weil ich einen stabileren Blutzuckerspiegel habe als du, nehme ich an. Ich muss nicht gleich alles stehen- und liegenlassen, bloß weil mein Magen knurrt. Das ist doch Kinderkram!"

HOLGER: „Weißt du, mir ist das eigentlich ziemlich egal, wie du deinen Kontrollwahn auslebst. Ich geh jetzt 'ne Pizza essen, und in einer Dreiviertelstunde bin ich wieder da, frisch und gestärkt. Wenn du nicht warten willst, musst du den Rest halt alleine fertig machen."

ANETTE: „Ich lass mich doch nicht erpressen!"

HOLGER: „Ciao, bella. Du weißt ja, wo du mich finden kannst!"

Was wir brauchen ...

Aus der Sicht der Gewaltfreien Kommunikation sind Bedürfnisse Dreh- und Angelpunkt des Lebens: Ohne sie gäbe es keinen Anlass für Handlungen. Alles, was Menschen tun, soll letztendlich dem Erfüllen ihrer Bedürfnisse dienen – und das gelingt mal mehr, mal weniger gut.

Unter Bedürfnissen verstehen wir das, was alle Menschen zum Leben brauchen (= Bedarf). Dabei unterscheiden wir zwischen körperlichen Bedürfnissen wie etwa nach Ruhe, Sexualität oder Schutz, individuellen Bedürfnissen, z.B. nach Autonomie, Kreativität, Selbstverwirklichung und Integrität, und sozialen Bedürfnissen wie Zugehörigkeit oder Wertschätzung, zu deren Erfüllung wir andere Menschen brauchen. Diese Unterscheidung sagt nichts über die Relevanz der Bedürfnisse aus – sie sind gleichwertig und dienen allesamt dem Leben. Das heißt, dass es weder „gute" noch „schlechte" unter ihnen gibt. Wie wichtig oder unwichtig sie für den Einzelnen sind, ist von der individuellen Bedürfnishierarchie abhängig: Wem beispielsweise Harmonie und Geborgenheit von großer Bedeutung sind, wird sich vermutlich bei seinen Handlungen seltener von seinem Bedürfnis nach Selbstbestimmung leiten lassen. Dann wiederum gibt es Situationen, in denen ein bestimmtes Bedürfnis spontan nach Erfüllung verlangt und alle anderen vorerst in den Hintergrund drängt. Eine Auswahl menschlicher Bedürfnisse, wie wir sie in der Gewaltfreien Kommunikation verstehen, finden Sie auf Seite 89.

Auch wenn unser Bedürfnis nach Ruhe und Entspannung fordert, jetzt eine Pause einzulegen – es ist, wie alle anderen Bedürfnisse, unabhängig von bestimmten Zeiten, Orten und Personen. Dieser Umstand unterscheidet Bedürfnisse von Wünschen und Strategien: Sobald wir eine konkrete Handlung, eine bestimmte Person oder ein eindeutiges Bild im Zusammenhang mit unserem Bedürfnis im Sinn haben, sind wir bereits bei einem Wunsch oder einer Strategie angekommen.

... und wie wir es bekommen

Als Strategie bezeichnen wir die Art und Weise, wie wir uns ein bestimmtes Bedürfnis erfüllen. Theoretisch bietet uns jedes Bedürfnis eine Vielzahl von Möglichkeiten dafür. Praktisch sieht es jedoch oft so aus, dass viele Menschen nur eine einzige Strategie für ein Bedürfnis kennen oder anwenden wollen. Und genau hier wird es schwierig.

Konflikte entstehen nie auf der Bedürfnis-, sondern stets auf der Strategieebene. Oder anders gesagt: Nicht die unterschiedlichen Bedürfnisse zweier oder mehrerer Menschen sind das Problem, sondern die Art, wie sie sich diese Bedürfnisse zu erfüllen versuchen. Wer etwa sein Bedürfnis nach Ordnung nur mit einem perfekt aufgeräumten Schreibtisch und sauber ausgerichteten Schreibutensilien erfüllen kann, wird es vermutlich nicht leicht haben mit einem Mitarbeiter, dessen Bedürfnis nach Autonomie sich ausschließlich im kreativen Chaos ausdrückt. Wer nur die Strategie „Kollege X ist hier der einzige, mit dem ich zusammenarbeiten kann" anwendet, um sein Bedürfnis nach Effektivität zu erfüllen, macht sich nicht nur abhängig von einer einzelnen Person, sondern wird immer wieder ein Problem bei der Kooperation mit Kollegin Y haben.

Je mehr Strategien einem Menschen für die Erfüllung seiner Bedürfnisse zur Verfügung stehen, umso angemessener kann er handeln, umso flexibler kann er reagieren – und umso wahrscheinlicher ist, dass parallel dazu nicht nur sein eigenes, sondern auch das Bedürfnis des oder der anderen erfüllt werden kann. Das Erweitern des eigenen strategischen Handlungsrahmens lohnt sich also in mehrfacher Hinsicht.

Strategien sind ebensowenig „gut" oder „schlecht" wie unsere Bedürfnisse – sie können in einem bestimmten Kontext mal mehr, mal weniger angemessen sein. Die Entscheidung für oder gegen eine bestimmte Strategie hat mit unseren individuellen Werten zu tun, die wie eine Art Filter zwischen dem Bedürfnis selbst und unserer gewählten Strategie wirken. Individuelle Werte (oder auch Glaubenssätze) bringen unterschiedliche Strategien hervor – das Bedürfnis dahinter ist bei jedem Menschen gleich. Auch hier gilt: Konflikte entstehen dann, wenn wir das Verhalten (= Strategie) eines anderen Menschen nach unseren eigenen Wertmaßstäben beurteilen und nicht sehen, dass der andere lediglich versucht, sein Bedürfnis auf eine Weise zu erfüllen, die uns zunächst fremd oder gar „falsch" erscheint.

Bedürfnisse und Macht

Anette ist frustriert in ihrem Büro zurückgeblieben und hat sich – „zähneknirschend", wie sie sagt – erstmal mit einer anderen Aufgabe beschäftigt. Wir warten noch, bis Holger von seiner Mittagspause zurückgekehrt ist, bevor wir die beiden fragen, wie es ihnen geht.

ANETTE: „Ich hätte ausrasten können, als Holger mich einfach stehengelassen hat und gegangen ist! Die Wut ist jetzt weg, aber ich fühle mich immer noch hilflos und ohnmächtig."

HOLGER: „Ich hab mich supercool und vor allem *im Recht gefühlt,* als ich ging."

Warum glaubten Sie, dass Sie im Recht seien?

HOLGER: „Ich hatte den Eindruck, dass Anette versucht, irgend so einen Machttrip abzuziehen, und ich fand es richtig, dass ich mich darauf nicht eingelassen und stattdessen meine eigenen Interessen durchgesetzt habe. Allerdings war's dann so, dass ich in der Pizzeria saß und mein ganzes Hochgefühl plötzlich verschwunden war. Und dann habe ich mich gefragt, ob es mir selber am Ende nicht auch um Macht ging ..."

Welche Bedürfnisse haben bei diesem Konflikt eine Rolle gespielt?

ANETTE: „Bei mir war es vor allem Effektivität. Ich wollte die Sache abschließen, damit ich mich anderen Dingen zuwenden kann. Ich brauche das! Und es war ja nur noch so wenig, was gefehlt hat."

HOLGER: „Ich hatte Hunger, und ich brauchte eine Pause. Was steckt dahinter – das Bedürfnis nach Ruhe? Ich wusste auch, dass ich mich keine Minute länger hätte konzentrieren können. Als Anette nicht auf meinen Vorschlag einging und das auch noch als ‚Kinderkram' bezeichnete, ging es mir plötzlich noch um etwas anderes: um Selbstbestimmung nämlich. Ich dachte: Von der lasse ich mir nicht vorschreiben, wann ich Pause machen darf und wann nicht!"

ANETTE: „Genau dasselbe ist bei mir passiert! Als mir klar wurde, dass Holger mich hier sitzen lassen würde, dachte ich: Verdammt, jetzt zwingt der mir einfach seinen Willen auf! Und wo bleib ich?"

HOLGER: „Ich merke gerade, das da noch etwas anderes war, das mir die Knöpfe gedrückt hat. Das ging in Richtung Moral – Arbeitsmoral, genauer gesagt. Ich habe aus Anettes Worten herausgehört, dass mein Verhalten falsch und ihres richtig sei, und im Grunde habe ich dagegen rebelliert. Von daher lag sie mit dem ‚Kinderkram' gar nicht so verkehrt ..."

ANETTE: „Das stimmt, das war auch so. Ich habe tatsächlich gedacht: Typisch Holger, unzuverlässig und egoistisch."

Strategiensammlung

Zwei unterschiedliche Bedürfnisse und zwei Strategien, die miteinander im Konflikt sind: Welche Alternativen hätte es gegeben?

HOLGER: „Was mich betrifft: aufschieben. Das wäre zwar theoretisch eine Möglichkeit gewesen, praktisch aber nicht in Frage gekommen."

ANETTE: „Ich glaube, uns hat zunächst mal eine ganz entscheidende generelle Strategie gefehlt: nämlich die, unsere Bedürfnisse beim Namen zu nennen und gemeinsam zu schauen, wie wir die unter einen Hut kriegen. Mensch, ich glaube, ich hab gerade was für's Leben gelernt!"

HOLGER: „Das setzt aber voraus, dass wir nicht doch klammheimlich denken: Meines ist wichtiger als deines. Mir passiert das ständig, dass ich zum Beispiel finde, oh Gott, was hat der bloß für ein übertriebenes Sicherheitsbedürfnis! Oder: Wieso ist die denn schon wieder so harmoniesüchtig!"

ANETTE: „Oder: Was braucht der denn schon wieder 'ne Pause? Ja, das Bewerten ist die eine Sache. Aber wenn ich dein Bedürfnis von vornherein miteinbeziehe in meine Strategienauswahl, dann fallen mir gleich ein paar Alternativen ein. Zum Beispiel hätte ich mitkommen können zum Italiener, und wir hätten die restlichen Themen dort erledigt ..."

HOLGER: „… oder ich hätte mir meine Pizza hierher liefern lassen können. Das wäre allerdings ein großes Entgegenkommen gewesen, weil ich eigentlich hier raus wollte."

ANETTE: „Mir wird gerade klar, dass mein Wunsch, Recht zu behalten, meine Auswahl an Strategien drastisch eingeschränkt und mich selber ziemlich unbeweglich gemacht hat. An sich wäre es kein Problem gewesen, eine andere Arbeit vorzuziehen, während du deine Pause machst. Sogar die Möglichkeit, den Rest ohne dich zu erledigen, wäre dann in Frage gekommen …"

HOLGER: „Echt? Das hättest du für mich getan?"

ANETTE: „Warum nicht? Wenn ich gemerkt hätte, dass du meine Bedürfnisse ebenso respektierst wie deine eigenen …"

HOLGER: „Gut, dann mache ich dir jetzt folgenden Vorschlag: Du gehst jetzt in deine Mittagspause und ich werde unseren Bericht alleine fertig machen. Wenn du zurückkommst, schauen wir uns das Ganze noch mal zusammen an. Na? Ist das ein Wort?"

Ohne Risiken und Nebenwirkungen

Wir stellen fest: Unterschiedliche Bedürfnisse sind nicht etwa das Ende, sondern manchmal der Auftakt für einen lebensbereichernden Dialog. Wer dabei von vornherein über eine stattliche Strategiensammlung verfügt, hat es deutlich leichter – aber nichts spricht dagegen, sie gemeinsam zu erweitern. Das grundsätzliche Akzeptieren und Würdigen der Bedürfnisse anderer erhöht nicht nur die Verhandlungsbereitschaft, sondern auch die Aussicht auf Erfüllung der eigenen – und senkt den Blutdruck, glättet Zornesfalten und schafft Raum für ganz neue Erfahrungen. Ohne Risiken und Nebenwirkungen.

9. Giraffentanz

Die Kunst des Bittens

Ich frag doch bloß ...

CHRISTOPH: „Sag mal Markus, hast du im Augenblick viel zu tun?"

MARKUS: „Viel zu tun ist gar kein Ausdruck. Falls du gekommen bist, um mir noch einen weiteren Job aufzudrücken, kannst du's gleich vergessen ..."

CHRISTOPH: „Nee, nee, keine Sorge. Eigentlich ist es genau das Gegenteil. Diese Broschüre für das neue Wellness-Center ..."

MARKUS: „Ach Mensch, genau. Damit wollte ich nachher noch anfangen. Das Ding muss nächsten Mittwoch raus zur Druckerei, nicht?"

CHRISTOPH: „Der Text ist noch nicht fertig. Eben kam schon wieder eine eMail mit Informationen, die sie noch drinhaben wollen. Ich schaff das heute definitiv nicht mehr. Und am Wochenende bin ich auf einem Workshop. Das heißt, ich könnte dir frühestens am Montagmittag den Text liefern. Der bleibt dann aber so, versprochen!"

MARKUS: „Keine Chance."

CHRISTOPH: „Komm, du kannst doch erstmal mit Blindtext arbeiten ..."

MARKUS: „Nein."

CHRISTOPH: „Und wenn du alles so weit vorbereitest, dass du Montag nur noch den Text reinziehen musst?"

MARKUS: „Nein!"

CHRISTOPH: „Mensch, wieso lässt du mich denn so auflaufen! Ich hab dich doch einfach nur gebeten –"

MARKUS: „Du hast mich überhaupt nicht gebeten! Du kommst hier rein und schreibst mir vor, wie ich meine Arbeit einteilen soll!"

Schweigen.

CHRISTOPH: „Okay, das war wirklich kein gelungener Einstieg. Ich versuch's noch mal: Ich bin völlig erschöpft und möchte gern Schluss machen für heute. Ich brauche Unterstützung. Bitte hilf mir, indem du mir noch bis Montagmittag Aufschub gibst."

MARKUS: „Christoph, es geht nicht. Das hieße für mich Überstunden am Montagabend, und ich kriege meine Familie kaum noch zu sehen. Ich will das nicht."

CHRISTOPH: „In Ordnung, das sehe ich ein. Tja. Und jetzt?"

MARKUS: „Warum setzt du deinen letzten verbliebenen Charme nicht dafür ein, bei der Druckerei anzurufen und sie zu fragen, ob sie's auch noch rechtzeitig hinkriegen würden, wenn sie die Vorlagen am Donnerstag von uns bekämen? In dem Fall wäre Montagmittag okay für mich."

CHRISTOPH: „Klar, das versuch ich gleich. Super Idee. Danke, Markus."

MARKUS: „Ach, und noch was ..."

CHRISTOPH: „Ja?"

MARKUS: „Nicht vergessen beim Telefonieren: bitten!"

Einladung zum Giraffentanz

In der Gewaltfreien Kommunikation ist eine Bitte wie eine Einladung zum Tanz: Ich habe dir meine Gefühle und mein Bedürfnis mitgeteilt. Wirst du mir entgegenkommen? Was spricht dagegen? Was brauchst du selbst? Es geht nicht nur darum, der Erfüllung des eigenen Bedürfnisses näher zu kommen, sondern auch um die „soziale Verträglichkeit" einer Bitte. Von daher sehen wir in einer abschlägigen Antwort keine persönliche Zurückweisung, sondern eine Chance für weitere Verhandlungen: Was brauchst du, um mir meine Bitte erfüllen zu können? Dazu gehört die Sichtweise, das Nein des Gegenübers immer auch als ein Ja zu etwas anderem zu sehen.

Die Kunst des Bittens dient nicht etwa der Vervollkommnung der eigenen Fähigkeit, eine Bitte so zu formulieren, dass sie auf jeden Fall erfüllt wird. Gerade das Wissen, dass der andere freiwillig – und aus seinem eigenen Bedürfnis heraus, beizutragen – Ja sagt, ist der entscheidende Punkt. Bitten, die aus Angst vor Bestrafung, aus Scham, Verpflichtung oder Schuld erfüllt werden, dienen keinem von beidem – weder dem Bittenden noch demjenigen, der gebeten wird. Dazu gehört auch das Erfüllen aus taktischen Gründen: aus dem Wunsch nach Lob, Belohnung, Anerkennung oder Liebe. Ein „um ... zu" als Motiv entspricht nicht dem Bedürfnis, zum Leben beizutragen, sondern ist eine Strategie, die andere Ziele verfolgt.

Nicht jeder Satz, der ein „bitte" enthält, ist nach unserem Verständnis auch eine Bitte. Damit Ihre „Einladung zum Tanz" auch angenommen werden kann, stellen wir Ihnen hier die wichtigsten Kriterien vor.

Zwei Arten von Bitten

In der Gewaltfreien Kommunikation unterscheiden wir zwischen zwei Formen von Bitten, die sich auf der Handlungs- bzw. auf der Beziehungsebene abspielen.

Auf der Handlungsebene bitten wir um eine Handlung, von der wir hoffen, dass sie unser Bedürfnis unmittelbar erfüllt – z.B.: „Bitte öffne das Fenster." „Bitte sagen Sie mir, ob Sie morgen den Telefondienst übernehmen würden."

Auf der Beziehungsebene gibt es zum einen die Bitte um Gehör, mit der sichergestellt werden soll, dass es kein Missverständnis gegeben hat: „Mir ist wichtig, verstanden zu werden – bitte sagen Sie mir, was bei Ihnen angekommen ist." Bei der Bitte um Aufrichtigkeit geht es um die ehrliche Reaktion des andern bzw. um die Klärung seiner Gefühle und Bedürfnisse – etwa: „Jetzt würde ich gerne wissen, was das in dir auslöst, wenn du das hörst." „Bitte sagen Sie mir, wie es Ihnen damit geht."

Wenn die Beziehung zwischen beiden stimmt, werden Bitten auf der Handlungsebene meist akzeptiert und oft auch erfüllt. Bei ungeklärten Beziehungen ist es oft sinnvoller, zunächst eine Bitte auf der Beziehungsebene auszusprechen. Durch den Zusatz „Ist das in Ordnung für dich?" oder „Sind Sie damit einverstanden?" kann bei einer Handlungsbitte die Beziehungsebene mit einbezogen werden.

Sagen Sie, was Sie wollen ...

... und nicht, was Sie *nicht* wollen! Auch wenn es scheinbar viel einfacher ist – Sie schließen damit lediglich eine einzige Handlungsmöglichkeit aus, und die Wahrscheinlichkeit, dass Sie tatsächlich bekommen, was Sie brauchen, wird dadurch eingeschränkt. Statt zu sagen: „Bitte komm nicht immer zu spät zu unseren Meetings" (die Bitte wäre auch erfüllt, wenn die betreffende Person nur noch bei jedem zweiten Meeting zu spät erschiene), formulieren Sie es lieber positiv: „Bitte komm heute pünktlich, damit wir gemeinsam anfangen können."

Nennen Sie die Dinge beim Namen ...

... statt sich vage und ungenau auszudrücken. Abstrakte Formulierungen sorgen dafür, dass der andere sich einen Reim darauf machen muss, was Sie wohl gemeint haben könnten. Inwieweit seine Interpretation Ihrer Bitte auch der Erfüllung Ihres Bedürfnisses entspricht, ist dann reine Glückssache. „Bitte erledigen Sie das so schnell wie möglich" ist ein Beispiel für eine unklare Bitte. Besser wäre: „Ich möchte, dass dieser Auftrag bis 15 Uhr erledigt ist. Passt das für Sie?"

Benennen Sie konkretes Verhalten ...

... statt darum zu bitten, wie ein anderer sein oder was er fühlen soll. Zum einen wird es Ihnen ohnehin nicht gelingen, einen anderen Menschen zu verändern – das geschieht nur aus dem eigenen Bedürfnis heraus. Zum anderen ist eine Bitte wie „Bitte sei mal etwas kooperativer" bestenfalls ein frommer Wunsch, so lange Sie nicht klar ausdrücken, was Sie unter Kooperation verstehen. „Bitte gib mir die Ergebnisse deiner Marktanalyse, damit ich sie in meinem Konzept berücksichtigen kann" ist eine Alternative auf der Handlungsebene, die leicht verstanden und umgesetzt werden kann.

Bleiben Sie im Hier und Jetzt ...

... statt im Irgendwo und Irgendwann. „Bitte geben Sie mir beim nächsten Mal vorher Bescheid, dass Sie später kommen" oder „Bitte sorgen Sie in Zukunft dafür, dass ich informiert bin" bleibt auf der Ebene der guten Vorsätze, denn keiner von Ihnen beiden weiß, wann das nächste Mal sein wird. Der Erfolg Ihrer Bitte sollte hier und jetzt sichtbar sein, damit Sie wissen, woran Sie sind – z.B. durch eine Formulierung wie „Bitte sagen Sie mir, ob Sie bereit sind ...".

Kommen Sie auf den Punkt ...

... statt sich mit „netten" Formulierungen abzusichern. „Ach, würden Sie vielleicht ..." oder „Es wäre schön, wenn du ..." mag gefälliger klingen, ist im Falle einer Bitte aber eher Wortkosmetik. Formulieren Sie Ihre Bitte lieber als Aussage, nicht als Frage: Damit stehen Sie für das ein, was Sie brauchen. Mit dem Zusatz „Sind Sie einverstanden?" können Sie dem anderen vermitteln, dass seine Antwort wichtig ist und Sie keine Forderung ausgesprochen haben.

Bitte oder Forderung?

Der Unterschied zwischen einer Bitte und einer Forderung lässt sich an konkreten Merkmalen feststellen:

Es gibt für Sie nur eine einzige Möglichkeit, wie der andere Ihr Bedürfnis erfüllen könnte? Das bedeutet wahrscheinlich, dass Ihr Fokus auf einer bestimmten Strategie liegt, nicht jedoch auf Ihren Bedürfnissen und denen Ihres Gegenübers. Das macht Sie unbeweglich, lässt dem anderen keine Wahl – und ist keine Bitte, sondern eine Forderung.

Sie sind der Meinung, Sie hätten einen Anspruch oder ein Anrecht auf das, worum Sie bitten? Bei Gedanken, die Formulierungen wie „sollte" oder „müsste" enthalten oder auf der Annahme basieren, dass Ihnen die Erfüllung zusteht, handelt es sich um Forderungen, nicht um Bitten.

Sie sind frustriert, weil Sie ein Nein als Antwort auf Ihre Frage erhalten haben? Auch das kann ein Hinweis darauf sein, dass Sie eine Forderung gestellt haben. Eine Bitte ist ein Verhandlungsangebot, kein Ultimatum.

Übrigens: Eine Bitte kann in den Ohren des anderen manchmal wie eine Forderung klingen, wenn Sie das dazugehörige Bedürfnis nicht nennen. Die Bitte: „Ich brauche Klarheit, deshalb möchte ich mich heute um 18 Uhr kurz mit Ihnen zusammensetzen – geht das?" findet mit diesem Zusatz sicherlich eher dessen Zustimmung.

Ja oder Nein?

Ein Nein als Antwort kann unterschiedliche Gründe haben. Wenn Sie sicher sind, dass nicht nur Ihre eigenen Gefühle und Bedürfnisse, sondern auch die des anderen ausgesprochen und gehört worden sind, gibt es bei einem Nein häufig einen sachlichen oder zeitlichen Hintergrund („Nein, heute Abend geht es nicht"). Ebenso kann auch das eigene Bedürfnis Ihres Gegenübers das Erfüllen Ihrer Bitte verhindern

(„Nein, ich möchte erstmal diese Aufgabe beenden“). Dem Widerstand gegen – echte oder „gehörte“ – Forderungen liegt ebenfalls ein eigenes Bedürfnis zugrunde, das sich nicht mit Ihrer Anfrage vereinbaren lässt – das nach Selbstbestimmung.

Auf jeden Fall ist es wichtig, eine abschlägige Antwort nicht als Ende, sondern als Auftakt eines Prozesses zu sehen, der als Ziel hat, die Bedürfnisse beider Seiten zu berücksichtigen und zu erfüllen.

Klarer Fall

Christoph ist schon auf dem halben Wege nach draußen, als wir nach ihm sehen wollen. Demzufolge ist sein Anruf bei der Druckerei erfolgreich gewesen.

CHRISTOPH: „Wissen Sie was? Ich habe heute so ganz nebenbei zwei, nein drei wertvolle Erfahrungen gemacht. Eine war der Anruf bei der Druckerei. Ich hatte gleich den zuständigen Mann am Apparat, und ich weiß, was der für einem Terminstress hat. Früher habe ich in solchen Situationen entweder versucht, die Leute zu überreden, oder ich habe nebenbei solche Bemerkungen fallen gelassen wie die, dass wir uns ja auch jederzeit eine andere, kooperativere Druckerei suchen könnten ... Heute habe ich einfach gesagt, was bei mir Sache ist – und die entsprechende Bitte geäußert. Der Mann hat richtig lange überlegt, hat seinen Terminplan gecheckt, und dann hat er gemeint: Okay, geht in Ordnung. Sonst hatte ich hinterher immer das Gefühl – uups, den Eindruck –, ich hätte den anderen über den Tisch gezogen. Jetzt weiß ich, der hat aus freien Stücken ja gesagt. Was für ein Unterschied!“

Und die anderen Erfahrungen?

CHRISTOPH: „Wie präzise manche Menschen wahrnehmen, in diesem Fall Markus. Der hat mehr von dem mitgekriegt, was ich rede, als ich selber. Und dementsprechend darauf reagiert! Ich frage mich, wie oft mir das passiert – dass ich anderen Vorschriften mache und hinterher finde, dass sie unflexibel und verbohrt sind ... Ja, und drittens war da noch die Erkenntnis, wie leicht es ist, ein Nein zu akzeptieren, wenn jemand seine Gründe dafür nennt, ohne sich zu rechtfertigen. Einfach das Bedürfnis aussprechen – und schon ist der Fall klar.“

10. Jetzt reicht's!

Wohin mit dem Ärger?

Kopierpapier

ANETTE: „Ich fasse es nicht. Ich hatte gerade zum zweiten Mal heute das Kopierpapier nachgefüllt, und jetzt hat schon wieder einer – Holger!"

HOLGER: „Was ist denn los?"

ANETTE: „Hier! Deine blöde Kopiervorlage liegt noch drin! Verdammt noch mal, kannst du nicht mal von allein daran denken, neues Papier reinzutun, wenn du solche Unmengen von Kopien machst?"

HOLGER: „Sorry, aber du schreist den Falschen an. Ich war heute noch nicht mal in der Nähe vom Kopierer."

ANETTE: „Und was ist das hier?"

HOLGER: „Frag doch mal Christoph. Könnte von ihm sein."

ANETTE: „Na super. Am Ende war's dann wieder keiner, was?"

CHRISTOPH: „Was wollt ihr mich fragen?"

ANETTE: „Ist das hier von dir?"

CHRISTOPH: „Zeig mal. Oh danke, das hab ich wohl im Kopierer vergessen."

ANETTE: „Du hast noch was vergessen, nämlich Papier nachzufüllen. Du scheinst ebenso wie jeder andere hier zu glauben, das Zeug wächst einfach nach, was?"

CHRISTOPH: „Mist, daran hab ich nicht gedacht. Jetzt denkst du wahrscheinlich, dass sich hier sonst niemand um so was kümmert ..."

ANETTE: „Das denke ich nicht nur, das IST auch so!"

CHRISTOPH: „Demnach ist es schon x-Mal passiert, dass kein Kopierpapier mehr drin war, wenn du den Kopierer benutzen wolltest, oder?"

ANETTE: „Und es ist ziemlich genau null Mal passiert, dass ein anderer außer mir dafür gesorgt hat, dass neues reinkommt!"

CHRISTOPH: „Du meinst, das du die einzige bist, die für Nachschub sorgt, und deswegen bist du so sauer?"

ANETTE: „Genau! Und es ist nicht nur mit dem Kopierpapier so, sondern auch beim Fax! Jeder nimmt sich einfach, was er braucht – fertig."

CHRISTOPH: „Und du bist vermutlich total frustriert ..."

ANETTE: „... weil ich eure Unterstützung brauche! Christoph, ich weiß genau, was du da machst! Ich wollte mich weiter ärgern, aber es geht tatsächlich nicht mehr, wenn du so mit mir redest!"

HOLGER: „Wow, Mann. Das war jetzt aber wirklich gekonnt. Gab's da nicht noch einen vierten Schritt?"

ANETTE: „Ganz richtig: Und deswegen bitte ich dich, Holger, dass du dich in dieser Woche um das Kopierpapier kümmerst."

Ärgerlich!

Bei kaum einem Gefühl lässt sich so leicht nachweisen, dass es sich um ein „selbstgemachtes" handelt: Etwas geschieht, und innerhalb von Sekundenbruchteilen vergleichen wir die gegenwärtige Situation mit Erfahrungen aus der Vergangenheit, assoziieren, interpretieren – und ärgern uns. Entweder über uns selber oder, was häufiger vorkommt, über andere: Ärger geht immer einher mit einer Schuldzuweisung.

Ärger führt zu nichts – außer vielleicht zu weiterem Ärger. Denn wer sich ärgert, bringt nichts in Bewegung. Der Ärger mag nach einer Weile abkühlen – wenn jedoch die „echten" Gefühle und Bedürfnisse, die dahinter stehen, nicht näher betrachtet werden, ist er bei der nächsten Gelegenheit wieder da. Wie ärgerlich!

Aggression und Wut

Nein, es geht uns in der Gewaltfreien Kommunikation nicht darum, aus lebendigen Menschen friedliche Schäflein zu machen. Wir bieten Ihnen stattdessen Aggression als Alternative zum Ärger an. Aggression bedeutet eigentlich „auf etwas zugehen, etwas verändern wollen". Aggression ist der Veränderungsdruck, der durch ein unerfülltes Bedürfnis entsteht – Ärger ist eine destruktive Form, mit diesem Druck umzugehen. Auch Wut ist ein „Interpretationsgefühl", richtet sich jedoch nicht notwendigerweise gegen einen Übeltäter und besitzt darüber hinaus die notwendige Schubkraft, um die Dinge in Bewegung zu bringen.

Unser Aggressionsmodell

Das Aggressionsmodell (siehe Abbildung) soll Ihnen die Dynamik des Geschehens verdeutlichen: Druck- und Ausgangspunkt ist immer ein unerfülltes Bedürfnis. Dieser Druck, verstärkt durch die Notwendigkeit des Handelns, gefiltert durch unsere Deutung der aktuellen Situation, verlangt nach einer Entscheidung: destruktiver oder konstruktiver Ausdruck von Energie? Wer den Ärger wählt, lässt ihn mittels Vorwürfen, Angriffen, Kritik oder negativen Urteilen heraus: „Du hast ...! Ihr seid ...!" Dieser „Wolfsschrei" steht für lebensbehindernde Energie.

Anders verhält es sich, wenn wir uns für die lebensfördernde Energie entscheiden: Ohne Druckverlust entlädt sich die Aggression im „Giraffenschrei": „Ich brauche ...!" Gefühle, Bedürfnisse und Bitten können ausgedrückt werden – mit unverminderter Kraft.

Auch wenn der Entscheidungspunkt längst passiert wurde und wir uns bereits in die Wolfsschiene hineinkatapultiert haben, besteht jederzeit die Möglichkeit, auf die andere Seite zu wechseln. Das geschieht mittels Einfühlung – durch die eines anderen oder durch Selbsteinfühlung. Wenn Sie also das nächste Mal merken, dass Sie sich ärgern: Es ist nie zu spät für einen Giraffenschrei!

Und was steckt dahinter?

Wir bitten Anette, einen Blick hinter ihren Ärger zu werfen: Was hat sie noch gefühlt, als sie entdeckte, dass der Papierbehälter des Kopierers leer war?

ANETTE: „Das finde ich jetzt richtig schwer ... Also, die Frustration, die Christoph angesprochen hat, die habe ich schon gefühlt, aber eigentlich erst im Verlauf der Auseinandersetzung. Was mir selber noch aufgefallen ist: In dem Moment, wo der Ärger da ist, denke ich wirklich, dass ich diese Situation *immer* erlebe. Dass *keiner* außer mir sich darum kümmert. Und ich kann gar nicht sagen, was zuerst da war – ob dieses *immer* und *keiner* erst meinen Ärger entfacht hat, oder ob ich im Rausch meines Ärgers glaube, dass es *immer* so ist ..."

Wir vermuten, dass gerade Verallgemeinerungen wie „immer" und „jeder" uns erst richtig auf Touren bringen. Eine nüchterne Sichtweise („gestern und letzten Montag war es anders") würde uns bereits die erforderliche Distanz verschaffen, um uns nicht unbedingt als Opfer zu sehen. Die Wahrnehmung von Ereignissen, die sich angeblich permanent wiederholen, ist ohnehin mit Vorsicht zu genießen: Wir neigen dazu, uns die Situationen zu merken, die der einmal gebildeten Meinung entsprechen („Ich stehe immer an der falschen Kasse im Supermarkt") – und blenden die davon abweichenden Erfahrungen einfach aus.

ANETTE: „Natürlich ist es schon vorgekommen, dass jemand anders das Papierfach gefüllt hat. Aber das ändert nichts an meinem Gesamteindruck, und ich glaube nicht, dass jemand anders hier ebenfalls behauptet, er würde sich regelmäßig darum kümmern. Aber das Wort ‚Opfer' lässt was in mir klingeln, und genau das trifft es: Ich habe mich hilflos gefühlt. Ein abscheuliches Gefühl, wenn Sie mich fragen."

Hilflosigkeit ist – neben Frustration – ein Gefühl, das sich häufig hinter dem Ärger verbirgt. Oft spüren wir diese Hilflosigkeit, wenn etwas geschieht, das unseren Erwartungen nicht entspricht. Wir erleben uns als Opfer von Umständen (oder Personen) und haben im ersten Moment keine Handlungsalternativen parat – außer der Flucht in den Ärger. Dabei weist das Wort selbst schon auf die Lösung hin: Wir fühlen uns

Das Aggressionsmodell
(aggredi = auf etwas zugehen, etwas verändern wollen)

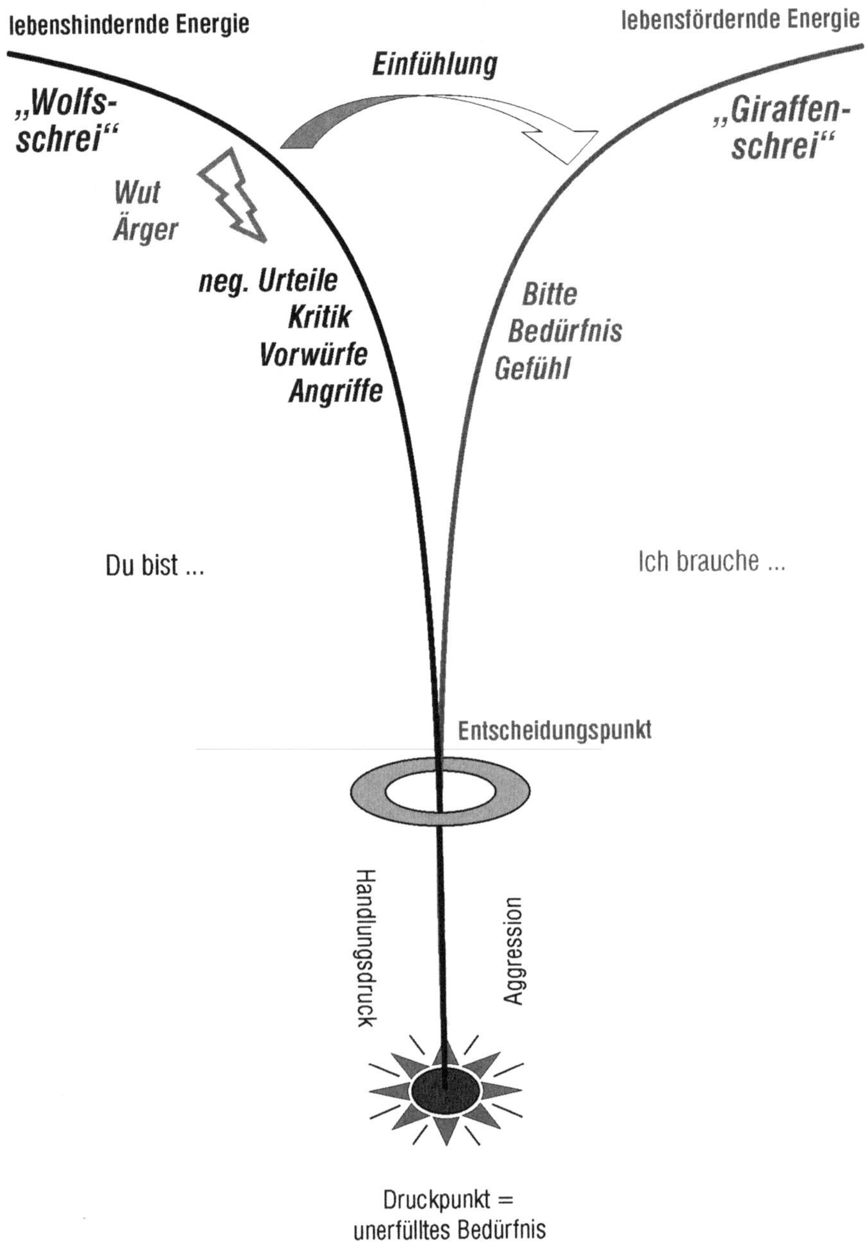

© forum gewaltfreie kommunikation berlin Klaus-Dieter Gens

hilflos, also brauchen wir Hilfe – in welcher Form auch immer. Welches unerfüllte Bedürfnis hat dafür gesorgt, dass Anette sich hilflos fühlte?

ANETTE: „Ich möchte, dass sich alle hier verantwortlich *fühlen* –"

Vorsicht! Allerdings ein interessanter Hinweis darauf, dass es in unserem Sprachgebrauch vorwiegend „gefühlte Verantwortung" gibt.

ANETTE: „– dass alle hier mitverantwortlich sind. Also ein Bedürfnis nach Ausgewogenheit? Dann gehört sicherlich noch Effektivität dazu. Ordnung passt auch. Und natürlich Unterstützung."

Die Lösung in Form einer Bitte hat Anette bereits ausgesprochen. Die Selbstverständlichkeit, mit der Holger anschließend darauf eingegangen ist, lässt vermuten, dass es noch viele weitere Quellen für Ärgernisse gibt, die auf relativ einfache Weise auszuschalten sind. Natürlich sind feste Aufgabenbereiche und Zuständigkeitslisten kein Garant für einen reibungslosen Büroalltag. Steht jedoch gemeinsam getragene Verantwortung dahinter, bei der allen Beteiligten bewusst ist, dass sie damit einander das Leben bereichern, wächst die „Pannentoleranz" sprunghaft an.

11. Zuhören und Nachfragen

Über Einfühlung

Armer Markus

JULE: „Markus? Alles in Ordnung bei Ihnen? Sie starren die ganze Zeit nur auf Ihren Monitor ..."

MARKUS: „Ich bin total fertig. Ich könnte grad alles hinschmeißen."

JULE: „Was ist denn passiert?"

MARKUS: „Alles auf einmal, würde ich sagen. Die Kinder zuhause haben beide Keuchhusten. Meine Frau ist sauer, weil ich ständig Überstunden einlegen muss. Dieser Schwachkopf Holger macht pseudo-künstlerische Entwürfe, die ich am Computer umsetzen darf und die Corinna mir anschließend um die Ohren haut."

JULE: „Ach je, das tut mir aber wahnsinnig leid ..."

MARKUS: „Sie hätten mal hören sollen, was Corinna vorhin gesagt hat, als sie den neuen Flyer gesehen hat: Ob ich jetzt auch noch Drogen nehmen würde, passend zu meiner Frisur ... Soviel Farbe auf einmal hätte sie seit Ende der 70er Jahre nicht mehr zu sehen bekommen. Dabei war das Holgers verdammte Vorgabe, und die hatte sie auch noch abgenickt!"

JULE: „Oh, das kann ich gut nachfühlen, das habe ich auch schon mal in einer Arbeitsgruppe an der Uni erlebt, als –"

MARKUS: „Ich bin's leid, ständig Prügel einstecken zu müssen wegen dem! Immer bin ich der Sündenbock, und er steht neben der Chefin und feixt!"

JULE: „Vielleicht wäre es eine gute Idee, wenn Sie beide mal zusammen ein Gespräch mit Corinna ..."

MARKUS: „Was, bitteschön, sollte das bringen?"

HOLGER: „Sorry, dass ich hier so reinplatze, aber es ist wichtig. Könnt ihr bitte in etwa zehn Minuten kurz in die Teeküche kommen? Anette und Christoph habe ich auch schon Bescheid gesagt."

JULE: „Huch, der hat's ja eilig ..."

MARKUS: „Ich auch. Ich muss los, es ist schon kurz nach fünf. Wird wohl kaum was Wichtiges sein, was er uns mitzuteilen hat. Also, viel Vergnügen noch!"

Was ist Einfühlung?

Was wäre die Gewaltfreie Kommunikation ohne Einfühlung! Jeder von uns besitzt diese Fähigkeit – die Voraussetzung dafür liegt in der Bereitschaft, sich voll und ganz einem anderen Menschen zuzuwenden. Und: Der einzige Grund, einfühlsam zu sein, ist das eigene Bedürfnis danach. Mit dieser Haltung gibt es keinen Helfer und keinen Hilfebedürftigen mehr, sondern zwei Menschen, die einander verbunden sind.

Weder Mitleid noch Ratschläge

Was auch immer den anderen Menschen bewegt – wenn Sie einfühlsam sind, kann Ihre eigene Betroffenheit im Wege stehen. Selbstmitteilungen („Das kenne ich ..."), Mitleid oder Trost lenken nur ab und stellen überdies Sie selbst in den Mittelpunkt des Geschehens. Wir tun uns oft schwer damit, die unangenehmen Gefühle eines anderen auszuhalten, und geben schnell dem Impuls nach, etwas dagegen tun zu wollen. Dabei sind Gefühle an sich weder gut noch schlecht; sie haben ihre – manchmal lebenswichtige – Bedeutung und wollen „zu Ende gefühlt" werden. Und selbst wenn es für Sie als Außenstehenden völlig auf der Hand liegt – es geht nicht darum, eine Lösung für ein Problem zu finden, sondern um den Prozess des Miteinanderteilens.

Für einen anderen dazusein heißt, die eigenen Interessen zeitweilig nach hinten zu stellen. Auch wenn es gar nicht Ihre Absicht war – mit Bemerkungen wie z.B. der von Jule, sie habe auch schon Ähnliches erlebt, sind Sie wieder bei sich und ihren eigenen Gefühlen gelandet und nicht bei denen des anderen. Solche Kommentare sind gut gemeint und sollen dem anderen Verständnis und Solidarität vermitteln – mit „echter" Empathie haben sie jedoch nichts zu tun.

Wertfreie Anteilnahme – das bedeutet auch, dass Ratschläge fehl am Platze sind. Viel wichtiger sind Zuhören und Nachfragen: Was fühlst du jetzt? Was brauchst du? Was Sie selbst in dieser Situation brauchen, sind Ihre Präsenz und Ihre Absicht, beim anderen zu bleiben. Vergessen Sie am besten alles, was Sie über die andere Person zu wissen glauben, und nähern Sie sich ihr mit einfühlenden Fragen.

Gut gefragt

Vielen Menschen fällt es zunächst schwer, Auskunft über die eigenen Gefühle zu geben. Sie können sie dabei unterstützen, indem Sie sich in ihre Lage hineinversetzen und „raten": Fühlst du dich gerade deprimiert? Bist du ratlos oder ängstlich? Lassen Sie sich von Ihrer Intuition leiten statt von Interpretationen – und geben Sie nicht auf, wenn Sie vielleicht einmal danebenliegen mit Ihrer Vermutung. Auch vermeintlich „falsche" Hypothesen können dem anderen helfen, dem eigenen Gefühl auf die Spur zu kommen. Schließlich geht es auch nicht darum, möglichst schnell einen Treffer zu landen, sondern sich gemeinsam den Gefühlen und Bedürfnissen anzunähern.

Achten Sie bei Ihren Formulierungen darauf, dass aus Ihren Mutmaßungen keine Unterstellungen werden („Jetzt fühlen Sie sich wohl ziemlich hilflos, nicht?"), sondern immer Fragen im Sinne einer gemeinsamen Suche bleiben. Wichtig ist auch, dass Sie keine „Warum"-Fragen stellen. Sie würden vermutlich einen Gedanken oder eine Erklärung als Antwort bekommen, aber kaum etwas über die aktuellen Gefühle und Bedürfnisse des anderen erfahren. Und genau um die geht es ja.

Die Grenzen der Empathie

Sofern Sie an der Situation selbst nicht beteiligt sind, wird es Ihnen sicher leichter fallen, mit anderen einfühlsam zu sein. Was aber, wenn es um einen Konflikt zwischen Ihnen beiden geht?

In diesem Fall – und nicht nur dann – ist es sinnvoll, sich zunächst selber Einfühlung zu geben, indem Sie Ihre eigenen Gefühle und Bedürfnisse klären. Selbsteinfühlung hat ebenso wenig mit Selbstmitleid zu tun wie Einfühlung mit Mitleid – es geht lediglich darum, zu erkennen, was Sie selbst in diesem Augenblick fühlen und brauchen. Solange das ungeklärt ist, werden Sie kaum in der Lage sein, sich dem anderen vorbehaltlos zuzuwenden.

Wenn Sie trotzdem feststellen, dass es Ihnen nicht möglich ist, mit dem anderen einfühlsam zu sein, schenken Sie ihm einfach Ihre Aufrichtigkeit. Schließlich geht es um Ihr Bedürfnis nach Verbindung und nicht etwa darum, das „Passende" für den anderen zu tun!

Und noch einmal: Die vier Schritte

Gewaltfrei zu kommunizieren bedeutet zweierlei Verantwortung: für das Sprechen und für das Hören. So gesehen, verläuft auch der Prozess der vier Schritte „zweigleisig" – zunächst kommt die Selbsteinfühlung, dann die Einfühlung in den anderen. Die nachfolgende Übersicht soll Ihnen noch einmal den Ablauf der Schritte auf beiden Seiten verdeutlichen.

Durch Selbsteinfühlung finden Sie Ihre eigenen Gefühle und Bedürfnisse heraus, die Einfühlung ermöglicht Ihnen, die des anderen zu erfahren. Im vierten Schritt werden verhandelbare Bitten ausgesprochen, die Ihnen dabei helfen sollen, aus den vorhandenen Strategien diejenige auszuwählen, die die Bedürfnisse beider Seiten erfüllt.

Selbsteinfühlung	**Einfühlung in den anderen**
Klar ausdrücken, wie es mir geht – ohne Kritik, Vorwürfe oder Forderungen	Einfühlsam wahrnehmen, wie es meinem Gegenüber geht – ohne Kritik, Vorwürfe oder Forderungen zu hören
1. Situation, Auslöser, Beobachtung *Wenn ich sehe, höre, erlebe ...* Keine Bewertung, Interpretation	***1. Situation, Auslöser, Beobachtung*** *Wenn du siehst, hörst, wahrnimmst ...* Keine Bewertung, Interpretation
2. Gefühl *... dann fühle ich mich ...* Unterscheiden zwischen Gefühlen und Gedanken	***2. Gefühl*** *... fühlst du dich dann .../bist du dann ...* Wie könnte mein Gesprächspartner sich fühlen?
3. Bedürfnis *... weil ich ... brauche.* *... weil ich das Bedürfnis nach ... habe.* Unterscheiden zwischen Wunsch und Bedürfnis	***3. Bedürfnis*** *... weil du ... brauchst?* *... weil du das Bedürfnis nach ... hast?* Was könnte das unerfüllte Bedürfnis sein?
4. Bitte *Deshalb bitte ich dich ...* *Deshalb hätte ich gerne, dass ...* Unterscheiden zwischen Bitte und Forderung	***4. Bitte*** *Und möchtest du gerne ...?* *Hättest du jetzt gerne, dass ...?* Positiv, konkret machbare Bitte herausfinden

Teeküchen-Meeting

Kehren wir wieder zurück zu den anderen: Die haben sich inzwischen – bis auf Markus, der nach Hause gegangen ist – in der Teeküche versammelt.

HOLGER: „Also, hört mal her: Vorgestern hat Media-Meier ein dreiseitiges Fax an mich geschickt mit wichtigen Informationen. Es ist nie bei mir angekommen. Meine ganze Arbeit von zwei Tagen war umsonst. Ich habe eben den Empfangsbericht vom Fax überprüft – da ist es aufgeführt. Wisst ihr, was das heißt?“

JULE: „Jemand hat vergessen ...“

HOLGER: „Das ist Mobbing!“

ANETTE: „Aber Holger ...“

HOLGER: „Das ist Mobbing, Mann, kapiert ihr das nicht? Ein paar fehlende Zettelchen hier, ein paar verlorengegangene Anrufe da – ich will wissen, wer hier so was macht!"

CHRISTOPH: „Okay, Holger. Ich kümmere mich drum. Ich rede nachher mit Corinna, und dann sehen wir weiter. Können wir das erstmal so stehenlassen?"

Holger ist einverstanden, und die anderen – sichtlich geschockt – ebenfalls. Das Wort „Mobbing", das keiner hören wollte, ist gefallen. Aber – wie so oft – ist das Aussprechen unangenehmer Dinge der erste Schritt in Richtung Lösung.

12. Eine unerfreuliche Geschichte

Mobbing und seine Hintergründe

Schräglage

CORINNA: „Hallo Christoph, kommen Sie rein. Ich weiß schon Bescheid, Anette hat's mir vorhin gesagt. Was für eine unerfreuliche Geschichte ..."

CHRISTOPH: „Das kann man wohl sagen."

CORINNA: „Es ist doch klar, dass Markus dahintersteckt, oder?"

CHRISTOPH: „Er hat noch nichts dazu gesagt. Aber wir können wohl davon ausgehen. Es kommt ja praktisch niemand anderes in Frage."

CORINNA: „Mobbing – in meinem Team! Wie kann so was passieren?"

CHRISTOPH: „Nach allem, was ich weiß, fangen Menschen oft an zu mobben, wenn sie unglücklich sind und es ihnen an Wertschätzung fehlt ..."

CORINNA: „Wollen Sie damit sagen, ich hätte Markus öfter loben sollen?"

CHRISTOPH: „Nein, loben sicher nicht. Jemand wie Markus hätte dann gleich so etwas wie einen Bestechungsversuch vermutet. Ich weiß allerdings, dass er überzeugt davon ist, dass Sie Holger grundsätzlich vorziehen. Und dass Bemerkungen über seine Haare und seine Kleidung ihn mehr verletzt haben, als er je zugegeben hat."

CORINNA: „Ich verstehe. Meine eigenen Kommentare haben wohl auch mit dazu beigetragen?"

CHRISTOPH: „Ich denke schon."

CORINNA: „Danke, dass Sie den Mut haben, so offen mit mir zu reden. Und jetzt? Am Ende heißt das noch, dass wir uns nach einem neuen Computergrafiker umsehen müssen ..."

CHRISTOPH: „Glauben Sie wirklich, dass das nötig ist? Ich meine, es handelt sich schließlich um einen Konflikt. Und Konflikte kann man lösen."

CORINNA: „Mit Ihrer Gewaltfreien Kommunikation?"

CHRISTOPH: „Das wäre eine Möglichkeit – in Form einer Mediation zum Beispiel."

CORINNA: „Macht das denn überhaupt noch Sinn? Ich hatte bisher nicht den Eindruck, dass Markus kooperationsbereit ist."

CHRISTOPH: „Ich denke, es lohnt sich auf jeden Fall, dem ganzen eine Chance zu geben. Bis jetzt hat es, so weit ich weiß, noch gar keine Gelegenheit für ein gemeinsames Gespräch mit beiden zusammen gegeben. Wir sitzen doch alle in einem Boot!"

CORINNA: „Und das Boot liegt ganz schön schräg ..."

CHRISTOPH: „... und wird wohl kaum aus der Schräglage herauskommen, wenn wir einen über Bord gehen lassen."

CORINNA: „In Ordnung, einverstanden. Ich werde mich an Ihre Gewaltfrei-Spezialisten wenden und sie fragen, was es überhaupt für Möglichkeiten für uns gibt."

Was heißt hier Mobbing?

Kritik an der Arbeitsleistung, ein Streit unter Kollegen oder die spitze Bemerkung eines Mitarbeiters können verletzend sein. Von Mobbing spricht man jedoch erst dann, wenn solche Handlungen systematisch ausgeübt werden. In einer häufig benutzten Beschreibung heißt es: „Mobbing ist

- eine konfliktbelastete Kommunikation am Arbeitsplatz unter Kollegen oder zwischen Vorgesetzten und Untergebenen,
- bei der die angegriffene Person unterlegen ist und
- von einer oder mehreren anderen Personen systematisch und während längerer Zeit direkt oder indirekt angegriffen wird und
- die angegriffene Person dies als Diskriminierung erlebt."[5]

Hans Leymann (1993) hat in seinen Untersuchungen 45 Mobbing-Handlungen herausgefunden, die er in fünf Bereiche aufteilt:

- Angriffe auf die Möglichkeiten, sich mitzuteilen,
- Angriffe auf die sozialen Beziehungen,
- Angriffe auf das soziale Ansehen,
- Angriffe auf die Qualität der Berufs- und Lebenssituation,
- Angriffe auf die Gesundheit.[6]

Aus der Sicht der Gewaltfreien Kommunikation ...

... gibt es kein Mobbing und keine „Mobber", sondern nur Menschen, die sich auf eine Weise verhalten, dass die Bedürfnisse und Arbeitsmöglichkeiten anderer beeinflusst werden. Wenn wir Begriffe wie „Mobber" auf einen anderen Menschen anwenden, benutzen wir ein Etikett, das ihn auf etwas Bestimmtes festlegt. Nur: Kein „Mobber" ist immer und überall einer, der mobbt. Von daher verwenden wir im Folgenden diese Bezeichnungen als Arbeitsbegriffe: Als Mobbing bezeichnen wir das beobachtbare Verhalten, das in konkreten Situationen einschränkend wirkt, und als „Mobber" denjenigen, der dieses Verhalten zeitweise – aus welchem Grund auch immer – anwendet.

---

5 Gesellschaft gegen psychosozialen Streß und Mobbing (GpsM) e.V., zusammen mit Heinz Leymann
6 www.dgb.de

Hintergründe und Ursachen

Mobbing ist unmittelbar verbunden mit dem Schuldsystem: Der oder die andere hat Schuld, dass es mir so geht. Wer im Schuldsystem verhaftet ist, ist mit seiner Aufmerksamkeit beim Schuldigen und nicht bei sich selbst, bei seinen Gefühlen und Bedürfnissen.

Schauen wir hinter die Kulissen des „Mobbers", stellen wir fest, dass es sich fast immer um eine eher leidende als um eine starke Person handelt. Wie fühlen sich diese Menschen? Ohnmächtig, hilflos, häufig auch enttäuscht und schmerzvoll – alles Gefühle, die für viele schwer auszuhalten und anzusehen sind. Deshalb ummanteln sie diese Gefühle, indem sie ihre Aufmerksamkeit nach außen richten: auf den vermeintlich Schuldigen. Wenn es dem „Mobber" – eventuell mit Unterstützung – gelingt, die Aufmerksamkeit wieder auf die eigenen Gefühle zu lenken, können wir die manchmal schon seit langem unerfüllten Bedürfnisse finden: Wirksamkeit, Einfluss, Zugehörigkeit, Wertschätzung, Sinn.

Statt sich mit seinen Problemen zu befassen, stellt man den „Täter" oft als den Bösen dar und diszipliniert ihn möglicherweise. So gesehen gibt es zwei Opfer: einmal derjenige, auf den die Handlungen des „Mobbers" gerichtet sind – und der „Mobber" selbst. Er ist Opfer seiner eingeschränkten Möglichkeiten, sich seine unbefriedigten Bedürfnisse auf eine sozialverträgliche Weise zu erfüllen.

Warum lässt der „Mobber" seine Gefühle an den Kolleginnen und Kollegen aus? Wir meinen, dass die Mitarbeiter selbst meist wenig dazu beitragen – allerhöchstens lösen sie etwas beim „Mobber" aus. Da mag es einen Mitarbeiter geben, dem die Arbeit leicht von der Hand geht und der dabei noch Freude hat – und der damit dem anderen spiegelt, welche Fähigkeiten bei ihm selbst nicht so ausgebildet sind, also das, was ihm wohl fehlt. Außerdem kann es sich um den Versuch einer so genannten „horizontalen Konfliktlösung" handeln: Der Konflikt kann nicht mit dem eigentlichen Konfliktpartner (Vorgesetzter, Institution, Amt) ausgetragen werden, und die Aggressionen werden deshalb auf der eigenen Ebene ausagiert.

Deshalb ist Mobbing auch immer ein Führungs- bzw. Institutionsproblem, besonders in hierarchischen Strukturen und mit eher autoritärem Führungsstil. Folgende Fragen können hier eventuell weiterhelfen:

Ist der Mitarbeiter entsprechend seinen Fähigkeiten eingesetzt, erhält er genug Wertschätzung, Förderung, Unterstützung? Braucht er Fortbildung, Zielgespräche oder auch eine Versetzung? Oder: Ist seine private Situation schwierig? Braucht er hier Unterstützung (Ermutigung zur persönlichen Hilfesuche)? Eine feinfühlige Leitung, die sich traut, über Gefühle und Bedürfnisse zu sprechen, wird hier viel zur Entspannung und Befriedigung beitragen können. Denn eines braucht der „Mobber" auf keinen Fall: Druck, Strafe oder negative Kritik. Das würde seine Hilflosigkeit zur Verzweiflung steigern und die Lage verschlimmern. Oft hilft auch ein (externer) Mediator als Vermittler in Konflikten.

Das Mobbing-Opfer

Das Opfer ist meist nur Auslöser und Projektionsfläche des Problems. Wenn es allerdings anfängt, sich zu wehren oder intern Verbündete zu suchen, steigt es in den Konflikt ein, und der Konflikt kann eskalieren. Deshalb gilt für vom Mobbing Betroffene: Sie brauchen Schutz, Unterstützung und Sicherheit. Suchen Sie so weit wie möglich Unterstützung, decken Sie das für Sie problematische Verhalten oder die problematische Situation auf. In vielen Betrieben und Ämtern gibt es inzwischen Mobbing-Beauftragte und eine Sozialberatung. Ein offenes, vertrauliches Gespräch mit dem Vorgesetzten kann ebenfalls sinnvoll sein.

Vorgesetzte und Mobbing

Manchmal sind auch Vorgesetzte in Mobbing-Konflikte verstrickt. Sie haben Probleme mit einem Mitarbeiter und versuchen auf diese Weise, ihn zu reglementieren, klein zu halten oder gar loszuwerden. Auch hier handelt es sich um einen eher hilflosen Versuch, Konflikte zu lösen. Wenn Sie als Vorgesetzter merken, dass Sie so genannte Mobbing-Methoden anwenden, ist es höchste Zeit, sich selbst Unterstützung oder Coaching bzw. Supervision zu holen, denn Sie gefährden nicht nur die Mitarbeiter oder die Abteilung, sondern Sie sägen auch an Ihrem eigenen Stuhl – und an Ihren Nerven.

Als Mitarbeiter mit einem mobbenden Vorgesetzten ist die Situation für Sie besonders schwierig. Hier brauchen Sie spezielle Unterstützung durch Dritte, z.B. Mobbingbeauftragte. Und das Wichtigste in Mobbing-Situationen: Sie brauchen Mut, die bestehenden Verhältnisse aufzudecken, anzusprechen und zu bearbeiten. Verdeckte Kämpfe und Schläge hin und her schaden allen.

Vorbereitungsgespräche

In der Zwischenzeit hat sich Corinna über das Thema Mediation informiert. Zwei Möglichkeiten kommen für sie in Betracht: Sie könnte Holger und Markus fragen, ob sie bereit wären, die Situation im Team – und speziell den Konflikt zwischen ihnen beiden – mit Hilfe eines Außenstehenden zu bearbeiten. Gemeinsam könnten sie zudem entscheiden, ob es ein Gespräch zwischen Holger, Markus und einem Mediator oder ein ganzes Teamgespräch werden sollte. Die Mediatoren empfehlen, das ganze Team einzubeziehen, weil dies eine gemeinsame teamfördernde (Lern-) Erfahrung sein kann. Hierzu hätten sie gerne die ausdrückliche Zustimmung aller Mitarbeiter und besonders die Zustimmung von Holger und Markus. Sollte Corinna solch ein Meeting zu schwierig finden, wären die Mediatoren auch bereit, mit den Betroffenen Vorgespräche zu führen. Was den Zeitaufwand betrifft, gehen die Mediatoren davon aus, dass eine bis zwei Sitzungen von je 90 Minuten ausreichen könnten.

Zur Vorbereitung auf das Treffen, das am übernächsten Tag stattfinden soll, führt sie zwei Einzelgespräche mit Markus und Holger.

CORINNA: „Markus, ich möchte Sie bitten, in einer heiklen Angelegenheit mit mir zu sprechen – bitte nehmen Sie sich ein wenig Zeit."

MARKUS: „Ich hab's schon gehört, ich bin hier der Bösewicht. An mir allein liegt's allerdings nicht!"

CORINNA: „Ja, es gibt eine Beschwerde von Holger, und ich mache mir Sorgen. Mir ist wichtig, dass jeder hier nach seinen Möglichkeiten und Fähigkeiten arbeiten kann, und dass eine kraftvolle und kooperative Stimmung herrscht."

MARKUS: „Dann reden Sie doch mal mit Holger, wer hier ..."

CORINNA: „Ich werde mit allen reden. Am Wichtigsten erscheint mir im Moment, dass all diese unausgesprochenen Verdächtigungen, der Unmut und die Frustrationen angesprochen werden können. Deswegen meine Bitte: Können Sie mir sagen, ob Sie bereit sind, in einem Gespräch mit einem neutralen Berater die Dinge zu klären?"

MARKUS: „Mit dem heiligen Christophorus?"

Corinna merkt, dass Markus noch mehr in Abwehr ist, und erinnert sich an die Sache mit der Einfühlung.

CORINNA: „Sind Sie besorgt und brauchen die Sicherheit, dass es gerecht zugeht und keiner hinterher als Bösewicht dasteht? Möchten Sie auch sicher sein, dass Ihr Arbeitsplatz nicht gefährdet ist?"

MARKUS: „Also, auf ein Tribunal habe ich jedenfalls keinen Bock."

CORINNA: „Deshalb habe ich überlegt, einen neutralen Dritten hinzuzuziehen, der das Gespräch leiten wird. Können Sie sich dazu bereit erklären?"

MARKUS: „Okay – so halte ich es auch nicht mehr aus."

CORINNA: „Wären Sie auch damit einverstanden, dass Ihre Teamkollegen dabei sind?"

MARKUS: „Ehrlich gesagt, das wäre mir sogar ganz lieb."

CORINNA: „Vielen Dank, Markus."

Im Anschluss daran bittet Corinna Holger zum Gespräch.

CORINNA: „Holger, ich habe vor, das Problem grundlegend anzugehen und bitte Sie, einer Teamsitzung mit einem Dritten als neutralen Gesprächsführer zuzustimmen."

HOLGER: „Ich weiß nicht ... Können wir das nicht intern klären?"

CORINNA: „Ist es Ihnen unangenehm, wenn das Ganze solch einen offiziellen Charakter annimmt?"

HOLGER: „Könnte ja so laufen, dass ich am Ende plötzlich der Buhmann bin."

CORINNA: „Es geht hier nicht um Buhmänner oder Schuldige. Ich meine, wir alle brauchen eine effiziente und kollegiale Arbeitsatmosphäre – bei dem Druck, den wir ohnehin schon so lange haben. Es soll nicht um Schuld oder Versagen gehen, sondern um Lösungen nach vorn."

HOLGER: „Geht in Ordnung. Schlimmer kann's ja nicht werden."

CORINNA: „Danke, Holger."

Wir sind sehr zufrieden mit Corinnas Gesprächsführung – sie konnte vieles umsetzen, was sie in der letzten Zeit gelernt hat: Sie hat ihre Motivation (Gefühle und Bedürfnisse) genannt und konkrete Bitten geäußert. Sie hat nichts verschönert oder verharmlost, sie hat auf Gegenrede und Druck verzichtet – und war einfühlsam. Nachdem Anette, Christoph und Jule ebenfalls zugestimmt haben, kann die erste Sitzung stattfinden.

13. Mediation

Eine neue Verbindung

Pünktlich um zehn haben sich alle im Besprechungszimmer eingefunden. Die Stimmung ist gedämpft, und Holger und Markus wirken sichtlich angespannt. Nachdem die Mediatoren noch einmal die Freiwilligkeit aller Anwesenden abgefragt, einige Gesprächsregeln benannt und die Zustimmung aller Beteiligten erhalten haben, dass sie an einer einvernehmlichen Lösung interessiert sind, kann die Sitzung beginnen.

Markus – einerseits ...

MEDIATOR: „Markus, sind Sie bereit, die ganze Situation aus Ihrer Sicht zu schildern?"

MARKUS: „Es ist doch ziemlich klar – die Sympathien sind hier unterschiedlich verteilt, und ich bin immer der Sündenbock."

MEDIATOR: „Haben Sie den Eindruck, dass andere Mitarbeiter vorgezogen werden?"

MARKUS: „Nicht jeder, aber Holger kann sich hier alles leisten ..."

MEDIATOR: „Und haben Sie den Eindruck, dass Ihre Arbeit weniger wertgeschätzt wird?"

MEDIATOR: „Den Eindruck? Ich würde sagen, ich bin hier der Handwerker, der die künstlerischen Ergüsse von Holger umzusetzen hat. Wenn's nicht gefällt, werde ich angemacht. Wenn's gut ankommt, kriegt er die Blumen."

Holger mischt sich ein: „Bist du frustriert, weil ich den besseren Job habe?"

Gut gemeint, Holger – wir nennen so etwas allerdings „Wolfsfutter" (bist du – weil ich?). Markus ist nicht frustriert, weil Holger möglicherweise den besseren Job hat, sondern er ist frustriert wegen seiner nicht erfüllten Bedürfnisse, auf die wir später noch zu sprechen kommen.

JULE: „Sie haben erzählt, dass Sie Stress mit Ihrer Frau kriegen, wenn Sie so wenig Zuhause sind."

MARKUS: „Ich bin hier der einzige mit Familie. Alle anderen können, wenn's sein muss, ihre Sachen abends oder am Wochenende durchziehen. Ich fühl' mich oft als Außenseiter und hab manchmal sogar ein schlechtes Gewissen, wenn ich um fünf den Computer ausmache, weil ich die Zwillinge abholen muss."

HOLGER: „Brauchst du manchmal so etwas wie Entlastung und Unterstützung?"

MARKUS: „Sind wir hier beim Sozialamt?"

MEDIATOR: „Befürchten Sie, dass Ihnen das alles als Schwäche und als Versagen ausgelegt wird?"

MARKUS: „Na ja, das ist mir schon ziemlich unangenehm ... Ich möchte nicht, dass das wie eine Ausrede klingt."

CHRISTOPH: „Verstehe ich gut. Aber eins ist klar: Deine Arbeitssituation ist so oder so extrem angespannt."

MARKUS: „Ich muss hier den meisten Druck abfedern, das ist mein Problem! Viele Vorlagen kriege ich oft später als vereinbart, und ich muss den Drucktermin immer im Auge behalten ... Dabei kommen dann auch Sachen heraus, die mir selber nicht gefallen."

HOLGER: „Das kann dann aber genauso gut an meinen Entwürfen liegen."

MARKUS: „Aber hinterher heißt es, nee, Markus, das hatten wir uns aber anders vorgestellt. Und die Anzeige oder die Broschüre oder was auch immer hätte schon vorgestern fertig sein sollen!"

MEDIATOR: „Haben Sie den Eindruck, dass Sie nicht die Arbeitsumgebung und die entspannte Situation haben, die Sie brauchen, um kreativ zu sein?"

MARKUS: „Ja. Und oft sind die Vorgaben so, äh – schwierig, dass man daraus wirklich nichts machen kann."

CHRISTOPH: „Brauchst du konkrete Absprachen und bessere Abstimmung darüber, ob und wie du das umsetzen kannst?"

MARKUS: „Na und ob! Vor allem würde ich gern ab und zu ein Wort mitreden, wenn ich den Eindruck habe, dass der Entwurf überhaupt nicht so zu realisieren ist, wie ihr euch das vorstellt. Bis jetzt habe ich immer als Spielverderber dagestanden, wenn ich gesagt habe, Leute, so geht das nicht ..."

ANETTE: „Ach je, Markus, das kenne ich gut."

HOLGER: „Verstehe ich das jetzt richtig: Du möchtest auf der einen Seite dein Feedback zu den Entwürfen abgeben – und für deine eigene Arbeit brauchst du auch mehr differenzierte Rückmeldung darüber, was okay ist und was noch verändert werden könnte?"

CHRISTOPH: „Holger, liest du heimlich meine Bücher?"

Markus spürt, dass jeder auf seine Art bemüht ist, sich in seine Lage zu versetzen – und entspannt sich langsam.

... und Holger – andererseits

Die Mediatoren bitten jetzt Holger, den Konflikt aus seiner Sicht zu schildern.

HOLGER: „Ich hatte mehrfach das Gefühl, dass Markus etwas gegen mich hat und meine Arbeit boykottiert."

MEDIATOR: „Sie hatten den Eindruck ..."

HOLGER: „Alles klar, das war kein Gefühl ... Also: Ich dachte, Markus hat etwas gegen mich. Aber ich habe schon begriffen, Markus hat viel Stress und braucht irgendwie was – das geht nicht wirklich gegen mich. Manchmal gehen halt Dinge schief, und man ist echt frustriert und sucht einen Schuldigen."

MEDIATOR: „Ja, das ist auch unsere Überzeugung: Menschen handeln für sich und nicht gegen andere."

ANETTE: „Moment mal bitte, Holger, das geht mir jetzt etwas zu flott in Richtung Kuschelkurs. Möchtest du hören, wie ich deinen Umgang mit Markus immer wieder erlebt habe?"

HOLGER: „Klar."

ANETTE: „Was mich ganz oft stört, sind deine Bemerkungen über Markus' Kleidung oder seine Frisur. Ich habe den Eindruck, dass du ihn nicht so sein lassen kannst, wie er ist."

HOLGER: „Mir ist gutes Aussehen halt wichtig ..."

ANETTE: „Ja, das sieht man dir auch an, und das finde ich klasse. Ich meine aber, dass man nicht von anderen erwarten kann, dass sie den gleichen Geschmack und die gleichen Prioritäten haben wie man selber."

JULE: „Ganz zu schweigen vom Geld."

HOLGER: „Okay, ich hab euch gehört."

ANETTE: „Und manchmal sind es auch die Sprüche, die du über Markus' Arbeit machst. Wenn du ihn zum Beispiel ‚Pixelschieber' nennst ... Ich nehme mal an, das ist witzig gemeint, aber für mich ist es das überhaupt nicht. Aus meiner Sicht hat es etwas sehr Abwertendes."

HOLGER: „Hm ..."

MEDIATOR: „Ist ‚Pixelschieber' ein Ausdruck für Ihren Unmut und Ihre Hilflosigkeit, wenn Ihre Entwürfe nicht so umgesetzt werden, wie Sie es möchten? Brauchen Sie dann, dass Ihre Idee mehr gewürdigt wird?"

HOLGER: „Ja, manchmal kann ich das nicht so rüberbringen. Ich kann auch mit Computern nicht gut umgehen, und deswegen bin ich völlig auf Markus angewiesen. Meine tollen Ideen bedeuten nichts, wenn sie nicht richtig umgesetzt werden. Mir wird gerade klar, dass ich Angst um meine Unabhängigkeit habe. Und noch eins wird mir klar: dass Markus gar nicht gut sein kann, wenn ich ihn immer wieder runtermache."

CORINNA: „Wenn ich das alles so höre, habe ich den Eindruck, als wären wir eine herzlose Nörgelbande."

CHRISTOPH: „Geht es Ihnen um unser Image?"

CORINNA: „Nein, ich wollte sagen: So schlimm ist es doch gar nicht, oder?"

CHRISTOPH: „Ich fände es schon gut, mal konkret hinzuschauen, ob jeder hier eine Arbeitsumgebung hat, in der er gut arbeiten kann, und wie wir es mit Wertschätzung und aufbauendem Feedback halten – und wie wir ganz allgemein einen Umgang miteinander entwickeln könnten, der positiv ist und bestärkend."

CORINNA: „Also jetzt doch mehr loben?"

MEDIATOR: „Lob und Belohnung kann sehr schnell als Manipulationsversuch interpretiert werden. Da wäre aufrichtiges, positives und wertschätzendes Feedback sicher nützlicher."

MARKUS: „Und wenn mal was nicht so gelungen ist, könnte man die Mühe und die Arbeit würdigen, die darin steckt."

CORINNA: „Da fühle ich mich jetzt angesprochen – ach nein, verflixt: Meinen Sie mich?"

MARKUS: „Ja, ich hatte immer den Eindruck, dass Sie mich kritischer als alle anderen sehen."

CORINNA: „Da mag schon sein ... Was nach außen geht, ist unsere Visitenkarte, und da stehe ich manchmal mehr unter Druck. Ich möchte Ihnen sagen, dass ich Ihre Arbeit schätze und gehört habe, was Sie brauchen."

Wir stellen fest, dass die Atmosphäre zunehmend wohlwollend ist und das Gespräch insgesamt eine Richtung genommen hat, in der es immer mehr darum geht, was jeder braucht, um gut arbeiten zu können. Die Mitarbeiter bekommen die Aufgabe, sich bis zum nächsten Treffen zu notieren, wie sie ihren Arbeitsplatz verändern möchten, welche Art der Zusammenarbeit für sie nützlich ist und welchen Umgang sie sich miteinander wünschen.

Flurgespräch

Auf dem Flur treffen sich Markus und Holger.

HOLGER: „Sag mal ... Also, äh – haben meine Sprüche bei dir wirklich so reingehauen?"

MARKUS: „Kann man schon sagen, ja."

HOLGER: „Das tut mir echt leid. Weißt du, als dieses Gespräch vorhin losging, habe ich so deutlich gemerkt, dass dein Frust nicht nur mit mir zu tun haben kann. Ich konnte plötzlich sehen, in was für einer unbefriedigenden Situation du oft deine Arbeit machst ..."

MARKUS: „Was willst du mir damit jetzt sagen? Ist das ein Angebot, auf meine Kinder aufzupassen?"

HOLGER: „Um Himmels willen, nein ... Andererseits – wieso eigentlich nicht? Nein, im Ernst: Ich möchte, dass du weißt, dass ich was kapiert habe. Keine Ahnung, wie wir das arbeitsmäßig umsetzen können. Aber mir liegt wirklich was daran, dass wir's hinkriegen."

MARKUS: „Ich möchte jetzt nichts dazu sagen, ich brauche noch ein bisschen Zeit, um das alles zu verdauen. Aber – ja, danke, Holger."

Nicht immer läuft es so einfach ...

Dieses Mediationsgespräch war keines, wie es im Buche steht[7]. Oder vielmehr doch – denn nur eines, das im Buche steht, kann so gestrafft und aufs Wesentliche reduziert „ablaufen", sonst würde es den Rahmen sprengen. Unsere Protagonisten haben einiges dazu beigetragen: Durch Holgers versöhnliche Haltung und seinen „inneren Schwenk" (nicht zuletzt auch gefördert durch das Feedback auf sein eigenes Verhalten) gab es keine große Konfrontation zwischen ihm und Markus, die es erforderlich gemacht hätte, ein Dreiergespräch nur über die Mediatoren zu führen. Was zudem noch eine wichtige Rolle spielte, war die Tatsache, dass das Team schon sehr viel von den Grundgedanken der Gewaltfreien Kommunikation verinnerlicht hatte. Das sorgte insgesamt für einen konstruktiven Verlauf des Meetings, weshalb nur wenig Steuerung durch die Mediatoren nötig war.

Nicht immer läuft es so einfach. Mitunter ist es schwierig herauszuarbeiten, dass die unguten Gefühle von Enttäuschung, Frustration, Anspannung und Druck nicht Schuld der Kollegen sind, sondern dass der Blick nach innen auf die eigenen unerfüllten Bedürfnisse zur Lösung führt. Bei Markus ging es wahrscheinlich um Akzeptanz, Anerkennung, Wertschätzung, aber auch um Kreativität, Wirksamkeit und, wie wir glauben: Zugehörigkeit. Wenn den Beteiligten erst einmal deutlich ist, dass hinter ihren Gefühlen die unerfüllten Bedürfnisse stehen und sie erfahren, dass diese Bedürfnisse in jedem Falle als sinnvoll angesehen werden, können sie entspannter über mögliche Strategien zur Erfüllung dieser Bedürfnisse nachdenken.

Und jetzt?

In einer zweiten Sitzung wird das Team zusammen mit den Mediatoren die Ergebnisse der Hausaufgabe betrachten. Sie wollen gemeinsam überlegen, ob und wie die Büros umgestaltet werden können und welche Vereinbarungen notwendig sind, um ein flüssigeres Arbeiten für alle zu gewährleisten.

In einem abschließenden Gespräch mit Corinna wird noch einmal deutlich, dass sie als Vorgesetzte eine Schlüsselfunktion für ein entspanntes, harmonisches Arbeitsklima hat. Sie besitzt eine ausgleichende Funktion, ist Vorbild für Wertschätzung und respektvolle Kommunikation. Corinna ist diejenige, die nicht nur für die Arbeit, sondern auch für die Seele der Mitarbeiter sorgen kann. Konkret heißt das, dass sie sich mit den Themen Wertschätzung und verstärkendes Feedback beschäftigt, dass sie

---

7 Empfehlenswerte Literatur zum Thema Mediation:
Christoph Besemer: *Mediation – Vermittlung in Konflikten.* Stiftung gewaltfreies Leben, Werkstatt für gewaltfreie Aktion, Baden 1993
Mario H. Kraus: *Mediation – wie geht denn das?* Junfermann, Paderborn 2005

lernt, in angespannten Situationen einfühlsam zu reagieren und dafür sorgt, dass alle mehr in Entscheidungsprozesse einbezogen werden. Zudem hat sie sich vorgenommen, aufkeimende Konflikte möglichst bald im Team zu besprechen und insgesamt die Kommunikation transparenter zu machen. Wir können sie in diesem Vorhaben nur bestärken.

Ein Aspekt, den Jule im Gespräch genannt hat, der dann aber keine weitere Bedeutung erlangte, ist Markus' familiäre Belastung. Oft ist es schwierig, die private Situation in Arbeitszusammenhänge mit einzubeziehen – für manche Kollegen gehört sie dort nicht hin, anderen ist es peinlich. Corinna beschließt, Markus in einem persönlichen Gespräch zu ermutigen, sich mit der Frage auseinanderzusetzen, welche Unterstützung er in seiner privaten Situation benötigt, und auch zu schauen, wie die Arbeitsbelastungen und seine persönliche Situation zusammenpassen.

14. Jules Abschied

Über Dankbarkeit – und Feiern!

Praktikumsbericht

CORINNA: „Sind wir alle vollzählig?“

ANETTE: „Nein, Markus fehlt noch. Er sagte aber, er würde gleich –“

HOLGER: „Oh Mann, ich sehe was, was ihr nicht glaubt.“

CHRISTOPH: „Mensch Markus! Was ist das für ein Hemd, was du da anhast? Komm, zeig dich mal, du siehst klasse aus!“

MARKUS: „Ich war gestern in der Mittagspause einkaufen ...“

HOLGER: „Cool, Mann! Ich wusste immer, du hast Geschmack! Los, wir hauen hier ab und machen uns in der Modebranche selbständig!“

CHRISTOPH: „Klar, und eure Firma nennt ihr dann H & M, was?“

HOLGER: „Richtig, mein Guter. Steht für ‚Hoffnung & Machbar‘.“

CORINNA: „Meine Herren, ich bitte Sie ... Ich hätte Sie lieber hier!“

ANETTE: „Ist schon schlimm genug, dass Jule uns heute verlässt.“

HOLGER: „Wir wissen ja, wo wir sie finden können – jeden Dienstagabend ab fünf ist sie jetzt bei Markus und übt mit seinen Zwillingen Gewaltfreie Kommunikation.“

CORINNA: „Ach – Sie hüten Markus‘ Kinder? Und Markus und seine Frau haben endlich mal einen Abend für sich?“

JULE: „Ja, einmal in der Woche! Und als Gegenleistung kriege ich eine Top-Ausbildung für alle wichtigen Grafikprogramme am Mac – das kann mir die Uni nicht bieten!“

CORINNA: „Ich muss schon sagen, ich bin beeindruckt, wie sich auf einmal für alle möglichen Probleme Lösungen finden ...“

JULE: „Hört ihr bitte alle mal kurz her? Ich will jetzt keine lange Rede halten ... Aber ich möchte schon gern ein paar Worte zum Abschied sagen.

Ich schreibe gerade meinen Praktikumsbericht über die zwei Monate in dieser Agentur, und beim Schreiben ist mir erst so richtig klar geworden, wie unglaublich viel ich hier gelernt habe. Ich würde zwar garantiert den Laden innerhalb weniger Wochen ruinieren, wenn ich Anettes oder Corinnas Job machen würde, aber ich weiß inzwischen wenigstens, warum. Ich kann jetzt Marktanalysen auswerten und Medienstrategien entwickeln, meine Werbesprüche waren auch nicht schlecht, und wenn nächste Woche die BioPack-Anzeige erscheint, werde ich jedem erzählen: Die ist – fast komplett – von mir.

Aber das Wichtigste, was ich hier gelernt habe, wird nicht in meinem Praktikumsbericht stehen. Nützen wird es mir allerdings mein Leben lang, ganz gleich, für welchen Beruf ich mich am Ende meines Studiums entscheide. Ich habe gelernt – 'tschuldigung, wenn das jetzt ein bisschen pathetisch rüberkommt –, was Sprache für eine Macht hat. Dass Gefühle wichtig sind, immer und überall. Dass hinter jedem vermeintlichen Angriff eigentlich eine Bitte steckt. Und dass lauter völlig verschiedene Menschen es echt schaffen können, gut miteinander auszukommen und dabei noch Spaß an ihrer Arbeit zu haben – wenn sie es wirklich wollen.

Dafür möchte ich mich bei allen hier bedanken – und auch dafür, dass ich so herzlich in diesem Team aufgenommen wurde. Wenn ich an den nächsten Praktikanten denke, der das Glück hat, hier zu landen, fühl' ich mich fast ein wenig eifersüchtig ... Ihr seid einfach super! Tausend Dank!"

CORINNA: „Ach du lieber Himmel, Jule ..."

HOLGER: „Hat mal einer 'n Taschentuch für Anette?"

MARKUS: „Holger wollte sagen, dass er sehr gerührt ist und seine Bedürfnisse nach Wertschätzung und Harmonie restlos erfüllt sind, nicht wahr?"

HOLGER: „Ganz genau, Markus Rosenberg."

CHRISTOPH: „Jule, wir werden dich sehr vermissen hier."

ANETTE: „Du hast durch dein Hiersein auch eine Menge für uns getan, weißt du das?"

CORINNA: „Und außerdem wissen Sie, dass Sie in dieser Agentur immer willkommen sein werden – als Praktikantin oder später vielleicht auch als Mitarbeiterin."

JULE: „Ja. Das ist ein tolles Angebot, danke."

CORINNA: „Okay Leute, dann lasst uns jetzt anstoßen! Auf unsere Beziehungen, unseren Erfolg, unseren Zusammenhalt ..."

HOLGER: „... unsere Gewaltfreie Kommunikation ..."

CORINNA: „... und auf unsere aufregende Zukunft!"

Danke

Wie oft bedanken Sie sich im Laufe eines Tages – zwei-, fünf-, zehnmal? Und wie oft am Tag fühlen Sie sich wirklich dankbar?

In unserer Alltags- und Umgangssprache ist der Dank häufig nichts als ein Reflex, ein Überbleibsel unserer guten Erziehung. In vielen anderen Situationen gehen wir davon aus, der oder die andere wisse ja ohnehin, wie dankbar wir seien – ein Irrtum, wie sich oft hinterher herausstellt. Besonders schwer tun manche sich damit, Dank anzunehmen: „Nichts zu danken" – ja, aber warum denn bloß nicht?

„Giraffennektar" nennt Marshall Rosenberg aufrichtige Dankbarkeit – und hält ihn für die ideale Kraftnahrung. Dankbarkeit auszudrücken und anzunehmen nährt sowohl den Geber als auch den Empfänger. Ihre besondere Schönheit entfaltet sie dann, wenn wir uns bewusst an Situationen erinnern, in denen unser Leben – auf welche Art auch immer – bereichert wurde. Denn erst im Nachhinein wird es möglich, den Wert und die Bedeutung dieser „Geschenke" im Gesamtkontext zu sehen und zu würdigen.

Feiern!

Dankbarkeit heißt, das Leben zu feiern – mal still im Inneren, mal laut und ausgelassen mit anderen. Anlässe dafür gibt es mehr als genug ...

Ob es das Leben selbst, ein wichtiger Lernschritt, eine liebevolle Geste oder ein beruflicher Erfolg ist, den Sie feiern – Sie tun dabei nichts anderes, als sich eine lebenswichtige Ressource zu erschließen. Sich selbst, das eigene Tun oder das Bereichertwerden durch andere zu feiern ist weder Nabelschau noch Ego-Trip, sondern ein bewusster Ausdruck von Lebensfreude, der überdies weitere Kräfte freisetzt.

Sie haben die Wahl, aus welcher Perspektive Sie Ihren heutigen Arbeitstag, die vergangene Woche, Ihr gesamtes Berufs- oder Privatleben betrachten wollen. Bewusst erlebte Dankbarkeit wird Ihre Wahrnehmung auf eine Weise verändern, die Ihnen ermöglicht, positive Erfahrungen zu würdigen – und aus schmerzhaften oder unangenehmen Erlebnissen Neues zu lernen. Auf Giraffenart natürlich.

Abschied

Nicht nur Jules Praktikum, sondern auch unser „Gewaltfreier Begleitservice" ist zu Ende. Ein besseres Ende hätten wir uns kaum ausdenken können. Unser „Botschafter" Christoph hat uns mit seinem persönlichen Engagement Türen geöffnet, die uns vielleicht sonst länger verschlossen geblieben wären. Ganz zu schweigen von der Bereitschaft aller Teamkollegen, sich in Situationen zu bewähren, die wir ihnen kraft unserer Erfahrung, unserer Kreativität und unserer Leidenschaft für Gewaltfreie Kommunikation auf den Leib geschrieben haben ...

Unser aufrichtiger Dank gilt allen Menschen, Situationen und Lernerfahrungen, die uns befähigt haben, diese Agentur zum Leben zu erwecken. Und – warum eigentlich nicht? – wir danken Corinna für ihren Mut, ihr Engagement und für ihre Entschlossenheit, aus Fehlern zu lernen. Wir danken Christoph für seine Liebe zur Sprache und zu seinen Mitmenschen und Anette für ihre Kooperationsbereitschaft und ihr verbindendes Wesen. Bei den Herren H & M möchten wir uns sowohl für ihre Konfliktfähigkeit als auch für ihre Versöhnlichkeit bedanken – und bei Jule für ihre Neugier, ihre Offenheit und ihren Gemeinschaftsgeist. Sie alle haben unser Leben bereichert – und hoffentlich auch Ihres!

Praxisteil

Auf den folgenden Seiten finden Sie einige Praxistipps und Hinweise für die Umsetzung von Gewaltfreier Kommunikation im Arbeitsalltag.

Dankesrunden

Eine Geschichte, die Marshall Rosenberg gern in seinen Workshops erzählt, handelt von einer größeren Firma, die er beraten hatte. Als er sich nach einiger Zeit danach erkundigte, wie sich die Verhältnisse dort entwickelt hatten, bekam er die Antwort: Ja, insgesamt habe die Beratung etwas bewirkt, wenn auch nicht alles so umgesetzt wurde. „Aber eines, Herr Rosenberg“, sagte der Geschäftsführer, „eines hat sich wirklich bewährt. Sie empfahlen uns, jede Teamsitzung und jedes Meeting mit einer zehnminütigen Runde zu beginnen, in der die Mitarbeiter aufzählen, womit sie sehr zufrieden sind und was gut gelaufen ist. Das tun wir regelmäßig – und inzwischen dauert es eine halbe Stunde.“

Wir möchten Ihnen empfehlen, so etwas auszuprobieren. Sicher haben auch Sie die Erfahrung gemacht, dass gut gelungene Arbeiten als normal gelten und nur Kritikwürdiges auf den Tisch kommt. Die Dankesrunde schafft eine positive Energie – wetten?

Lob – Tadel – Feedback

Da die meisten Menschen viel Erfahrung darin haben, festzustellen, was nicht gut gelaufen ist und dies als Anlass zur Kritik nehmen, hier einige Gedanken zum Thema Feedback:

Lob wird oft als Manipulation angesehen – Tadel wird als Bewertung gehört.

Feedback zeigt dem Mitarbeiter die Folgen seines Tuns. Positives Feedback ist ein Verstärker.

Wir gehen davon aus, dass ein verstärkendes Feedback dem Mitarbeiter zeigt, in welcher Weise er oder sie zum Gelingen beigetragen hat und welche Bedürfnisse der anderen damit erfüllt sind. Im Anschluss daran können Wünsche oder Anregungen formuliert werden. Auf diese Weise erhält der Mitarbeiter die notwendigen Informationen für Veränderungsmöglichkeiten. Positives Feedback wird ihn motivieren, dieses Verhalten zu verstärken – weil es sein Bedürfnis erfüllt, beizutragen.

Negatives Feedback ist eine Bremse. Wenn Sie Feedback auf ein unerwünschtes Verhalten geben möchten, sollte eine Bitte oder eine positive Handlungsaufforderung enthalten sein.

Feedback

✓ Nennen Sie das beobachtbare Verhalten – ohne Bewertung, ohne Dinge zu nennen, die *nicht* passiert sind.
✓ Nennen Sie, was Sie daran wertschätzen und welche bereichernde Funktion es hat.
✓ Nennen Sie gegebenenfalls die einschränkenden Folgen dieses Verhaltens, d.h. welche Bedürfnisse damit nicht erfüllt sind.
✓ Äußern Sie eine konkrete, handlungsorientierte Bitte, die das Bedürfnis besser erfüllt.

Beispiele

„Mir gefällt es, wie Sie mit dem Kunden XY gesprochen haben. Ich meine, dass Sie an der Verbindung zum Kunden noch etwas ändern könnten – indem Sie zum Beispiel wiederholen, was der Kunde gesagt hat, damit Sie sicher sein können, dass Sie ihn richtig verstanden haben. Insgesamt bin ich mit Ihrer Arbeit zufrieden."

„Als Sie vorhin in der Besprechung sagten, ich hätte eine wichtige Tatsache unterschlagen, war ich sehr betroffen, weil ich nicht als unehrlich dastehen möchte. Ich bitte Sie künftig nachzufragen, wenn Sie den Eindruck haben, dass etwas fehlt."

„Wenn du mich einen Pixelschieber nennst, bin ich sauer, weil ich denke, dass du meine Arbeit nicht so wichtig nimmst. Ich bin traurig, weil mir Wertschätzung viel bedeutet, und ich bitte dich, mir konkret zu sagen, womit du unzufrieden bist."

Damit Feedback dieser Art für den anderen gut hörbar ist, halten wir es für sinnvoll, erst für eine gute Verbindung zu sorgen, z.B. durch Einfühlung: „Wenn du mich Pixelschieber nennst, bist du dann frustriert, weil du mit dem Ergebnis nicht zufrieden bist und eine andere Kooperation brauchst? Ist es dir dann wichtig, dass wir uns Zeit nehmen, die Entwürfe genau durchzusprechen?"

Ineffektives Feedback ...	Effektives Feedback ...
bewertet, beurteilt Verhalten	beschreibt Verhalten
vermischt persönliche Eigenschaften und Verhalten	trennt Verhalten und Person
bleibt allgemein	ist konkret
kommt zum ungünstigen Zeitpunkt und ist knapp	kommt schnell und angemessen
ist indirekt	ist direkt
ist unpersönlich *(man sollte ...)*	bezieht den Sprecher mit ein *(ich ...)*
negiert, interpretiert Gefühle	schließt (eigene) Gefühle mit ein
stellt Behauptungen auf	stellt Informationsfragen
Konsequenzen und Erwartungen werden nicht deutlich	stellt Konsequenzen (in Bezug auf Bedürfnisse) heraus
bezieht sich auf Verhalten, das der Empfänger nicht beherrscht	bezieht sich auf Verhalten, das der Empfänger beherrscht
ist gestört durch das alleinige Bedürfnis des Sprechers	berücksichtigt die Bedürfnisse des Sprechers und des Empfängers
ignoriert den Kontext	erkennt den Prozess (die Entwicklung) an

Motivationshinderndes Gesprächsverhalten

Strafen	körperlicher oder seelischer Art
Drohungen	„Wenn nicht ..., dann ..."
Abwertung	„Wenn Sie sich mehr Mühe geben würden ..."
Unglauben	„Das stimmt doch nicht, das kann doch gar nicht sein."
Ablenkung	„Reden wir lieber von etwas anderem."
Tröstung	„Ach, nimm es nicht so wichtig/dir nicht so zu Herzen ..."
Vorwürfe	„So wie Sie an die Sache herangehen, kann es doch nichts werden."
Ignoranz	„Jetzt reden Sie sich nicht damit heraus, dass ..."
Ratschläge	„Haben Sie schon mal dies oder das versucht?" „Wenn Sie ... täten, würde es sofort gelingen."

Normalerweise sind die Folgen dieser Gesprächsblocker

- Rückzug,
- Widerstand,
- Aggression,
- Gewalt.

Mitarbeitergespräche – ein möglicher Ablauf

Vorbereitung

Anlass des Gespräches
Mein vorläufiges **Ziel**
Meine **Einstellung** zum Thema
Selbsteinfühlung
In welcher **Situation** wird es stattfinden?
Ort, Zeit, Ausstattung, Personen, Dauer

Verlauf

Situation herstellen:
Begrüßung
guter Kontakt (spiegeln)

Problemerörterung:
Endet mit Verständigung darüber,
was verändert werden soll

Gemeinsames Ziel:
Wohin soll etwas verändert werden?

Problemberatung:
Wie könnte das Ziel erreicht werden,
was müsste passieren?
Überlegungen zur Umsetzung

Zusammenfassung,
weitere Verabredungen.

Nachbereitung

Tipps zur Schaffung eines offenen Arbeitsklimas

1. Hören Sie aufmerksam zu, wenn jemand einen Vorschlag an Sie heranträgt. Vergewissern Sie sich, dass Sie den anderen auch richtig verstanden haben.
2. Wimmeln Sie eine Idee niemals auf der Stelle ab. Sagen Sie dem anderen, dass Sie gerne darüber nachdenken möchten – selbst dann, wenn Sie vom ersten Moment an denken, dass die Idee ein Flop sein könnte.
3. Ziehen Sie von Zeit zu Zeit auch einen Dritten zur Beurteilung anderer Ideen heran. Das beweist dem „Urheber", dass Sie seine Idee zumindest so hoch einschätzen, dass sie es wert ist, einem Dritten unterbreitet zu werden.
4. Zeigen Sie Ihrem Gegenüber Ihre Anerkennung dafür, dass er sich überhaupt Gedanken zu einer bestimmten Problemstellung gemacht hat.
5. Wenn Sie eine Idee abweisen müssen, zeigen Sie Taktgefühl und erklären die Gründe für Ihr Verhalten.
6. Fragen Sie die Mitarbeiter, wann immer es geht, um ihre Meinung und ihre Vorschläge zu konkreten Problemstellungen.

Anhang

Gefühlsworte, die auf erfüllte Bedürfnisse hinweisen

agil
aktiv
angenehm
anhänglich
anschmiegsam
arbeitsam
atemlos
attraktiv
aufgedreht
aufgekratzt
aufgeregt
aufmerksam
ausgeglichen
ausgelassen
begeistert
behäbig
behaglich
behände
belebt
beruhigt
berührt
beschaulich
beschwingt
besinnlich
beständig
beweglich
bewegt
bezaubert
blendend
dankbar
dynamisch
eifrig
ekstatisch
empfindsam
emsig
energievoll
enthusiastisch
entspannt
entzückt
erfüllt
ergriffen
erleichtert
erwartungsvoll
fantastisch
fasziniert
frei
freudig
freundlich
friedlich
frisch
froh
frohgemut
fröhlich
gebannt
geborgen
gelassen
gelöst
gemütlich
gesammelt
gesellig
gespannt
gesund
glücklich
gut
gut gelaunt
heiter
hellwach
herzlich
hingerissen
hoffnungsvoll
inspiriert
interessiert
klar
konzentriert
kräftig
lebendig
lebhaft
leicht
locker
lustig
lustvoll
motiviert
munter
mutig
neugierig
offen
optimistisch
quicklebendig
robust
romantisch
ruhig
sanftmütig
satt
schmelzend
schön
schöpferisch
schwungvoll
selbstsicher
selig
sich freuen
sicher
sorglos
spontan
spritzig
stabil

stark
still
stolz
tapfer
tatkräftig
tiefsinnig
träumerisch
überglücklich
übermütig
überrascht
überschäumend
überschwenglich
überwältigt
unabhängig
unbekümmert
unbeschwert
unbesorgt
unempfindlich
unerschütterlich
unverzagt
vergnügt
verliebt
verspielt
vertrauensvoll
verträumt
vertraut
verzaubert
wach
warmherzig
weich
weit
zart
zärtlich
zufrieden
zugeneigt
zugewandt
zuversichtlich

Gefühlsworte, die auf unerfüllte Bedürfnisse hinweisen

abgespannt
abwehrend
aggressiv
alarmiert
angespannt
angsterfüllt
ängstlich
antriebsarm
apathisch
ärgerlich
aufgekratzt
ausgelaugt
bedrückt
beklommen
benebelt
besorgt
bestürzt
betroffen
betrübt
beunruhigt
bitter
blockiert
deprimiert
distanziert
dumpf
durcheinander
durchgedreht
düster
eifersüchtig
einsam
Ekel
erschöpft
erschrocken
explosiv
fahrig
faul
frustriert
Furcht
gedankenverloren
gehemmt
geistesabwesend
geladen
gemein
giftig
gleichgültig
hart
hektisch
hilflos
in Panik
irritiert
jämmerlich
kalt
kaputt
kraftlos
krank
kribbelig
kühl
labil
lahm
lasch
leblos
leer
lethargisch
lustlos
miserabel
missmutig
müde
mutlos
nervös
panisch
passiv
peinlich
perplex
pessimistisch
rastlos
ratlos
resigniert
ruhelos
sauer
ich schäme mich
scheu
schläfrig
schlapp
schlecht
schockiert
schrecklich
schüchtern

schwach
schwer
schwermütig
sentimental
skeptisch
sorgenvoll
starr
teilnahmslos
todmüde
träge
traurig
trist
trotzig
trüb
trübsinnig
überwältigt
unausgeglichen
unbehaglich
unbequem
unerfüllt
ungeduldig
ungehalten
ungemütlich
unglücklich
unklar
unruhig
unsicher
unstetig
unter Druck
unwillig
unwohl
unzufrieden
verklemmt
verkrampft
verrückt
verschlossen
verspannt
verstört
verwirrt
verzweifelt
wehmütig
widerstrebend
widerwillig
wortkarg
wütend
zaghaft
zappelig
zermürbt
zittrig
zögerlich
zornig
zurückgezogen

Interpretation statt Gefühl

Oft benutzen Menschen die Formulierung: „**Ich fühle mich ...**" und benennen dann nicht ein wirkliches Gefühl, sondern eine Interpretation, einen Gedanken, eine Wahrnehmung ...

Ich fühle mich ...

angegriffen	ausgebeutet, ausgenutzt	bedroht
benutzt	betrogen	bevormundet
eingeengt	eingeschüchtert	festgenagelt
gequält	gezwungen	gestört
herabgesetzt	hintergangen	in die Enge getrieben
manipuliert	mißbraucht	mißverstanden
(nicht)		
-beachtet	-ernstgenommen	-geachtet
-gehört	-gesehen	-verstanden
-unterstützt	-respektiert	-wertgeschätzt
niedergemacht	provoziert	sabotiert
übergangen	unter Druck gesetzt	unterdrückt
ungewollt	uninteressant	unwichtig
verlassen	vernachlässigt	vernichtet
vertrieben	zurückgewiesen	

Identifizierung von „Interpretationsgefühlen":

Sätze wie:

- Ich habe das Gefühl, **dass ...**
- Ich fühle mich **nicht ...**
- Ich fühle mich, **als wenn ...** oder: Ich fühle mich **wie ...**
- Ich habe das Gefühl, **mein** Chef manipuliert ...

Es ist wahrscheinlich eine Interpretation,

- wenn es einen Täter geben kann,
- wenn ich fragen kann: Wie fühle ich mich, wenn ich denke, daß ich ausgenutzt werde und ein echtes Gefühlswort finde?

Ausdruck wirklicher Gefühle:

- Ich **fühle mich** traurig.
- Ich **fühle mich** ungeduldig.
- Ich **fühle mich** froh ... besser noch: ich trauere, ich ängstige mich, ich bedaure, ich freue mich ... oder:
- Ich **bin** glücklich, irritiert, hilflos ...

Bedürfnisse

Abwechslung
Aktivität
Akzeptanz
Aufmerksamkeit
Austausch
Ausgewogenheit
Authentizität
Autonomie
Bewegung
Beständigkeit
Bildung
Effektivität
Ehrlichkeit
Einfühlung
Entspannung
Entwicklung
Feiern
Freiheit
Freude/Spaß
Frieden
Geborgenheit
Gesundheit
Gemeinschaft
Glück
Harmonie
Identität
Initiative
Integrität
Inspiration
Intensität
Kultur
Kongruenz
Kontakt
Kraft
Kreativität
Lebensfreude
Liebe
Menschlichkeit
Mitgefühl
Nähe
Natur
Offenheit
Originalität
Ordnung
Respekt
Ruhe
Selbstbestimmung
Selbstverantwortung
Selbstverwirklichung
Sicherheit
Sinn
Schutz
Sexualität
Spiritualität
Struktur
Unterstützung
Verantwortung
Verbundenheit
Vergnügen
Vertrauen
Verständigung
wahrgenommen werden
Wärme
Wertschätzung
Zentriertheit
Zugehörigkeit

Diese Liste ist eine Auswahl – sie dient Ihrer Inspiration.

© Klaus-Dieter Gens

Über Marshall B. Rosenberg

Dr. Marshall B. Rosenberg ist Begründer des *Center for Nonviolent Communication* (CNVC), einer internationalen, gemeinnützigen Organisation.

Seit seiner Kindheit interessierte sich Dr. Rosenberg dafür, was Menschen zur Gewalt motiviert – und warum manche selbst unter schwierigsten Bedingungen statt Gewalt Mitgefühl einsetzten. Aufgewachsen in einem brodelnden Stadtteil von Detroit, brachten ihn seine eigenen Lebenserfahrungen und seine Studien auf die Suche nach einer neuen Form der Kommunikation als eine friedliche Alternative zur Gewalt.

1961 promovierte Dr. Rosenberg in klinischer Psychologie an der Universität von Wisconsin. Wenige Jahre später begann er, das Training der Gewaltfreien Kommunikation zu entwickeln. Seine Überzeugung, dass Menschen nicht von Natur aus gewalttätig sind, war die Basis seines Konzepts und den daraus entstandenen Strategien und Werkzeugen.

Um seine Arbeit noch effektiver weiterverbreiten zu können, gründete er 1984 das *Center for Nonviolent Communication*, dessen Aufgabe ein globales Ausbildungsprogramm für das Erlernen und Anwenden der Gewaltfreien Kommunikation ist. Mittlerweile gibt es Trainerteams und Organisatoren für Gewaltfreie Kommunikation in den USA, West- und Osteuropa, im Nahen Osten, Russland, Indonesien, Malaysia, Indien, Sri Lanka, Nigeria, Sierra Leone, Ruanda, Burundi und einigen lateinamerikanischen Ländern.

Derzeit lebt Marshall B. Rosenberg in Wasserfallen in der Schweiz. Er leitet Workshops in Europa und den USA und reist regelmäßig in Krisengebiete in Afrika, Osteuropa und im Nahen Osten, wo er Ausbildungen und Konfliktmediationen durchführt.

Er ist Autor des Bestsellers „*Gewaltfreie Kommunikation*" (siehe Backcover) sowie weiterer Bücher und Booklets.

Das *Center for Nonviolent Communication*

ist eine internationale gemeinnützige Organisation, deren Vision eine Welt ist, in der die Bedürfnisse aller Menschen auf friedliche Weise erfüllt werden. Um diese Vision zu verwirklichen, fördert das CNVC die Schaffung lebensbereichernder Systeme – in den Menschen selbst, im Umgang miteinander und innerhalb von Organisationen.

Seit vielen Jahren trägt das *Center for Nonviolent Communication* zu einer umfassenden gesellschaftlichen Transformation des Denkens, Sprechens und Handelns bei. Gewaltfreie Kommunikation wird heute außer von Dr. Rosenberg von einem Team von über hundert zertifizierten Trainern auf der ganzen Welt gelehrt. Nähere Informationen über Projekte, Aktivitäten und andere Ressourcen bezüglich Gewaltfreier Kommunikation finden Sie auf der Website www.cnvc.org. Dort erscheint auch eine ständig aktualisierte Liste aller zertifizierten Trainer/innen für Gewaltfreie Kommunikation. Beiträge zur Unterstützung der Aktivitäten des CNVC sind willkommen.

Trainer im deutschsprachigen Raum

Informationen über Seminartermine mit Marshall B. Rosenberg, Links zu regionalen Zentren, Informationen über lokale Übungsgruppen sowie eine aktuelle Liste ausgebildeter Trainer/innen finden Sie unter **www.gewaltfrei.de**

Das Zentrum *Gewaltfreie Kommunikation Berlin e.V.*

Die Verbreitung der Gewaltfreien Kommunikation in Berlin begann mit der ersten Berliner Übungsgruppe *eisfrei* in Berlin-Spandau. Aus der ehrenamtlichen Arbeit von Klaus-Dieter Gens als Koordinator entstand 1996 der Conex-Verein zur Verbreitung der Methode in Nord- und Ostdeutschland. Wesentlicher Bestandteil war die Übersetzung von Broschüren und Büchern sowie der Versand von Infomaterial. Dies stand in enger Zusammenarbeit mit den Münchner Kollegen.

Seit dieser Zeit geben wir Seminare und haben regelmäßige Übungsgruppen. Nachdem Klaus-Dieter Gens 1999 als Trainer zertifiziert wurde, baute er das Zentrum in Berlin auf, das 2001 als gemeinnütziger Verein gegründet wurde. Im Herbst 2000 kam Katarina Schmidt hinzu. Inzwischen arbeitet Klaus-Dieter Gens wieder als freier Trainer.

Der Verein setzte sich als Aufgabe die Verbreitung der Methode durch:
- Informationen über die Gewaltfreie Kommunikation in Berlin und im deutschsprachigen Raum
- Versand von Broschüren und Audiomaterial
- Fortbildungsangebote
- Information über die Ausbildung zum Trainer/zur Trainerin
- Beratung, Supervision und Coaching
- Institutionsberatung zur Schaffung gewaltfreier Strukturen.

Wir sind ein eigenständiges Zentrum und nicht dem CNVC untergeordnet.

Unser Angebot:
Der Verein veranstaltet keine eigenen Seminare, dafür bieten die im Verein zusammengeschlossenen Trainer/innen ihre Veranstaltungen an. Termine und weitere Einzelheiten finden Sie auf unserer Internetseite. Gerne senden wir Ihnen auch Infomaterial zu.

Im Verein arbeitet Katarina Schmidt als Organisatorin, Monika Wolke arbeitet für *Conex – books and more* im Materialversand.

Kontakt:
Internet: www.gewaltfrei-berlin.de
Zentrum Gewaltfreie Kommunikation Berlin e.V.
Elfriede-Kuhr-Str. 37 • D-12355 Berlin
Tel. 030 / 66 46 05 27 • Fax 030 / 66 46 05 37
eMail: info@gewaltfrei-berlin.de

Seminare mit **Klaus-Dieter Gens** finden Sie unter www.gewaltfreiforum.de
- Basisseminare – Einführungen (auch in Ihrer Einrichtung)
- Intensivseminare sowie Ferienseminare in Malta, Andalusien und in der Toskana
- Supervision, Einzelberatung und Coaching
- Trainerausbildung in Berlin, Frankfurt/M., Hamburg und Kassel

Anfragen richten Sie bitte an: Klaus-Dieter Gens, Tel. 030 / 664 605 38

Conex – books and more in Zusammenarbeit mit dem Zentrum in Berlin

Hier erhalten Sie alle deutschsprachigen Broschüren, Bücher und Videos der Gewaltfreien Kommunikation sowie das gesamte Originalmaterial aus den USA, auch die Handpuppen und Ohren. Bitte fordern Sie eine Bestellliste an oder besuchen Sie unseren Internetshop unter www.conexbooks.de.

Eine Auswahl an Arbeitsmaterial in deutscher Sprache sowie die Internationale Literatur
können sie mit diesem Formular bestellen beim:

Zentrum Gewaltfreie Kommunikation Berlin e.V.

CONEX – books and more

c/o Klaus-Dieter Gens, Elfriede-Kuhr-Str. 37, 12355 Berlin,
Tel. 030 664 605 27 Fax 030 664 605 37

e-mail: conex@gewaltfrei.de website: www.gewaltfrei berlin.de

In unserem Online-Shop finden Sie das vollständige Angebot
mit Abbildungen und näheren Beschreibungen zu den einzelnen Materialien.

Deutschsprachiges Material

Anzahl			
____	**Ärger** einfühlend hören und ausdrücken (Transcript, 40 S.)		3,80 €
____	**Intime Beziehungen** (Transcript, 36 S.)		3,80 €
____	Ein Abendworkshop **Einführung** (Transcript, 52 S.)		5,00 €
____	Eine **einfühlende Verbindung** herstellen (Vortrag, 16 S.)		1,80 €
____	**Kinder** einfühlsam erziehen (Vortrag, 24 S.)		3,80 €
____	Das **Interview** mit Marshall Rosenberg von Guy Spiro (14 S.)		1,30 €
____	Das **Giraffenklassenzimmer** von Nancy S. Green Ein Arbeitsbuch für Pädagogen (120 S.)		12,50 €
____	Die **Spirituelle Grundlage der Gewaltfreien Kommunikation**		2,00 €
→	(Interview,12 S.) auch als **CD** verfügbar ____ Set(s) **CD & Heft**		10,00 €
	Worte sind Fenster (Lehrerhefte - 3 Altersstufen)	je:	7,50 €
→	____ Nr. 1 ____ Nr. 2 ____ Nr. 3 ____ Set(s)	Set:	20,00 €
____	**Entenmärchen** und Tipps zur Schakalbekämpfung (Erzählung f. Erw., 27 S.)		5,00 €
____	Der **Bürgermeister** von Schakalhausen (Erzählung f. Erw. & Kinder, 24 S.)		7,50 €
____	**Grundprinzipien** der Gewaltfreien Kommunikation (9 S.)		1,30 €
____	Das **Modell** der Gewaltfreien Kommunikation (16 S.)		2,00 €
____	**Quickcards** (2 Karten mit einer Übersicht über die 4 Schritte und Gefühlen bei erfüllten / unerfüllten Bedürfnissen)	Set:	1,50 €
____	**Bitten-Karte** (2 Arten von Bitten / Motivation von Bitten)		1,00 €
____	**Postkarten – Set** (6 Postkarten)	Set:	3,50 €
____	**Anstecknadel „Giraffe" aus** Keramik	Stück:	8,50 €
____	**New Music CD** "Live Commpassionately"		15,00 €
Handpuppen	____ Giraffe ____ Wolf (bitte Anzahl eintragen)	Stück:	20,00 €
Ohren	____ Giraffe ____ Wolf (bitte Anzahl eintragen)	Stück:	18,00 €
____	**Videos – Set** „Wege zu einer Sprache der Einfühlsamkeit" (Band 1- 4) Mitschnitt eines Workshops mit Dr. M. Rosenberg im Sommer 2002 in Frankfurt	Set:	70,00 €
____	**Video** „Worte sind Fenster - oder auch Mauern" Mitschnitt eines Vortrages mit Dr. M. Rosenberg im Sommer 2002 in Frankfurt		26,00 €

Englischsprachiges Material

____	**Nonviolent Communication** –A Language of Compassion 2nd Edition with an additional chapter on self-empathie, Book, (176 p.)	18,00 €
____	**Life-Enriching Education** by Dr. M.Rosenberg For educators and parents. Book (171 p.),	13,00 €
____	**Companion Workbook** by Lucy Leu A Practical Guide for Individual, Group or Classroom Study. (210 p.)	22,00 €
____	**The Compassionate Classroom** by Sura Hart & Victoria Kindle Hodson Includes playful exercises and skill-building activities and games, Book (188 p.)	18,00 €
____	**The Giraffe Classroom** - Where Teaching is a Pleasure and Learning is a Joy by Nancy Sokol Green, Spiral-bound (122 p.), 2nd edition 2001	17,00 €

Audiotapes, CD´s, Videos

____	**Introduction to Nonviolent** (audiotape)	10,00 €
____	**Communication, Connecting Compasionately** (audiotape)	10,00 €
____	**Expressing and Receiving Anger Compassionately** (audiotape)	10,00 €
____	**Nonviolent Communication for Educators** (audiotape)	10,00 €
____	**A Heart to Heart Talk** (audiotape)	10,00 €
____	**Creating a Life-Serving System Within oneself** (CD), Presentation at an IIT (Corona, 2000), 71 min.	15,00 €
____	**Experiencing Needs as a Gift** (CD) Presentation at an IIT (Corona, 2000), 66 min.	15,00 €
____	**Giraffe Fuel for Life** (CD) Presentation at an IIT (Corona, 2000), 73 min.	16,00 €
____	**Needs and Empathy** (CD) Presentation at an IIT (Corona, 2000), 52 min	16,00 €
____	**Intimitate Relationships** (CD) Presentation at an IIT (Corona, 2000), 73 min.	16,00 €
____	**Speaking Peace** (2 CDs), a presentation of NVC with songs, stories & examples, 2,5 h,	25,00 €
____	**Introducing NVC** - a new videotape suitable for introducing people to some key features of NVC:, 25 min., 2002	15,00 €
____	**Nonviolent Communication** - A Language of the Heart (video) An 85-minute introductory video from a workshop. 1998 (85 min)	20,00 €
____	**Resolving Conflicts with Children and Adults** (video) A two-hour videotape of an evening workshop, including songs, stories (2h)	35,00 €
____	**The Basics of Nonviolent Communication** (2 videos) An Introductory in 4 parts (3,5h)	55,00 €
____	**Making Life wonderful** (4 videos) An Intermediate Training in 8 Parts., (app. 7 h)	145,00 €

Name: ____

Straße: ____

Ort: ____

Tel.: ____________________ **e-mail:** ____________________

Ich zahle: ____ bar ____ Scheck ____ Rechnung

Datum / Unterschrift: ______________________________

Bei Abnahme von jeweils 10 Stück (Sets) erhalten Sie 10% Rabatt.
Bitte kalkulieren Sie dazu die Portokosten (Brief 1,60 €, Päckchen 4,50 €).

Der Weg zum respektvollen Miteinander

240 Seiten • € (D) 19,95 • ISBN 978-3-87387-454-1

MARSHALL B. ROSENBERG

»Gewaltfreie Kommunikation«

Eine Sprache des Lebens

Wie kann man sich auch in Konfliktsituationen so verhalten, dass man seinen Mitmenschen respektvoll begegnen und gleichzeitig die eigene Meinung vertreten kann – ohne Abwehr und Feindseligkeit zu erwecken?

Mit der Gewaltfreien Kommunikation! Die Methode setzt darauf, eine Konfliktsituation zu beobachten, Gefühle auszusprechen, Bedürfnisse aufzudecken, und dann den anderen zu bitten, sein Verhalten zu überdenken. Ehrlichkeit, Empathie, Respekt und Zuhören-Können stehen dabei im Vordergrund. Mit Hilfe von Geschichten und beispielhaften Gesprächen zeigt M. Rosenberg alltägliche Lösungen für Kommunikationsprobleme.

Bestseller – 160.000 verkaufte Exemplare!

Dr. Marshall B. Rosenberg ist Konfliktmediator und Begründer der GFK. Er lehrt in Europa und den USA und reist regelmäßig in Krisengebiete, wo er Ausbildungen und Konfliktmediationen anbietet.

Weitere erfolgreiche Titel zur GFK:

»Trainingsbuch GFK«
ISBN 978-3-87387-454-1
»Die Sprache des Friedens ...«
ISBN 978-3-87387-640-8
»... und immer sagen wir ›bitte‹ oder ›danke‹«
ISBN 978-3-87387-627-9

www.junfermann.de

Verlag
Junfermann

»Schatzi, du nervst!«

96 Seiten • € (D) 9,95 • ISBN 978-3-87387-599-9

SUSANN PÁSZTOR &
KLAUS-DIETER GENS

»Ich höre was, das du nicht sagst«

Gewaltfreie Kommunikation
in Beziehungen

In fast jeder Paarbeziehung kommt es zu Streit durch Missverständnisse und ungeschickte Formulierungen, die den anderen verletzen – dabei war es doch gar nicht böse gemeint ... Die Autoren haben anhand eines fiktiven Paares die typischen Dialoge in Partnerschaften humorvoll unter die Lupe genommen. Modelle aus der Gewaltfreien Kommunikation werden auf konkrete Situationen angewandt und der Leser lernt, wie man Konflikte anders angehen und auflösen kann.

Susann Pásztor ist freiberufliche Journalistin im Bereich Psychologie und Weiterbildung und Chefredakteurin von »Kommunikation & Seminar«. Derzeit lässt sie sich zur Trainerin für GFK ausbilden.

Klaus-Dieter Gens ist zertifizierter Trainer für GFK. Nach Ausbildungen als Sozialpädagoge, Supervisor und NLP-Trainer begegnete er M. Rosenberg und engagiert sich seitdem für Gewaltfreie Kommunikation.

Das komplette Junfermann-Angebot rund um die Uhr – Schauen Sie rein!

Sie möchten mehr zu unseren aktuellen Titeln & Themen erfahren? Unsere Zeitschriften kennenlernen? Veranstaltungs- und Seminartermine nachlesen? In aktuellen Recherchen blättern?

Besuchen Sie uns im Internet!

www.junfermann.de